NUTSHELL ENTREPRENEURSHIP

KLEINE PROJEKTE MIT GROSSER WIRKUNG

Annette Ziegenmeyer, Björn Krüger
und Lea Isabelle Sander

Verlag Edition Köndgen

Verlag Edition Köndgen

In der Edition Köndgen erscheinen Bücher und Geschenkartikel über Wuppertal, Schwelm und das Bergische Land.
Die vielfältigen Facetten dieser Region werden darin lebendig präsentiert. *www.edition-koendgen.de*

Die Deutsche Bibliothek verzeichnet diese Publikation in der Deutschen Nationalbibliographie. Detaillierte Angaben unter *www.dnb.de*.

1. Auflage 2020
© Verlag Edition Köndgen, Wuppertal 2020 und
© KulturCampus Wuppertal, Wuppertal 2020

Lektorat: Manuela Sanne, www.taltexte.de
Covergestaltung: Martina Bangel
Layout & Satz: Sandra Balcke
Druck: BoD GmbH Norderstedt Deutschland

Ausgaben:
Softcover: 978-3-948217-14-3
E-Book: 978-3-948217-55-6

Durchführen

TEIL C – NÜTZLICHES ZUR PROJEKTARBEIT

Vorwort(e)

Als Hochschuldozentin und ehemalige schulische Musiklehrkraft hat mich immer wieder fasziniert, mit Akteur*innen und Institutionen aus der kulturellen Szene zu kooperieren und hierbei jungen Menschen authentische Einblicke in die vielfältigen Facetten von Kultur zu eröffnen. Die Möglichkeit, über die Grenzen der eigenen Institution zu blicken und durch den Dialog mit Kulturschaffenden dazuzulernen, habe ich als besondere Bereicherung meines Berufsfeldes erlebt. Als besonders wertvoll habe ich hierbei die Qualität und Intensität der Zusammenarbeit mit den unterschiedlichen Projektpartner*innen empfunden, bei denen alle Beteiligten zum steten Neusortieren, Umdenken und Erweitern ihrer eigenen Perspektive aufgefordert waren.

Mit diesem Handbuch möchte ich Kulturschaffende und insbesondere auch Musikpädagog*innen dazu motivieren, die vielfältigen Gestaltungsspielräume (in- und außerhalb schulischer Kontexte) wahrzunehmen und sich auf die spannende Reise der kulturellen Projektarbeit einzulassen. Wie man hierbei am besten vorgeht und etwaige Stolpersteine meidet, erfahrt ihr in diesem Buch.

Annette Ziegenmeyer, Juni 2020

Mein ganz persönliches Anliegen ist es, jungen Kulturschaffenden eine Hilfestellung zu leisten, die es ihnen ermöglicht, selbst aktiv zu werden. Für mich als junger Musiker waren zu Beginn meines beruflichen Werdegangs Themen wie Antragstellung, Kostenplan, Förderung, etc. Bücher mit sieben Siegeln. Warum? Weil es niemanden gab, der es mir verständlich machte.

Dabei ist dieser ganze Komplex auch keine „Hexerei", was wir in diesem Leitfaden hoffentlich aufzeigen können.

Die hiesige Kulturlandschaft braucht junge Macher*innen mit

innovativen Ideen. Ihnen möchten wir mit dieser Publikation helfen, zur Seite stehen und so auch zeigen, dass sie mit ihren Fragen nicht allein sind. Das Thema „Netzwerken" ist ein zentrales dieses Leitfadens, und in ebendiesem Sinne verstehen wir diese Veröffentlichung auch als unseren Beitrag zur Stärkung der vielfältigen Arbeit freiberuflicher Kulturschaffender.

Björn Krüger, Mai 2020

Als ehemalige Teilnehmerin des KulturCampus ist der Punkt der Überforderung in Bezug auf den „Antrags-Wust" gar nicht lange her, und ich hätte mir ein Buch wie dieses gewünscht. Mir ist es wichtig zu zeigen, dass alle die Möglichkeit haben, ihre Ideen tatsächlich umzusetzen und dafür weder bestimmte Bildungsvoraussetzungen gegeben sein müssen noch soziokulturelle Aspekte. Eine gute und gut ausgearbeitete Idee kann umgesetzt werden! Und innerhalb dieses Prozesses ist es vollkommen in Ordnung, an einzelnen Punkten zu scheitern oder zu stocken und sich ein bisschen umzuorientieren, einen neuen Weg auszuprobieren und nach Rat zu fragen.

Hätte ich diese Erfahrung nicht gemacht, würde ich jetzt weder den Masterstudiengang „Musikpädagogik" studieren noch würde ich als Musikpädagogin arbeiten, ich hätte das YAYA Netzwerk und den Verein YAYA e.V. nicht gegründet und mein gesamtes Leben würde anders aussehen. Also traut euch einfach! Mit diesem Buch habt ihr einen wunderbaren Begleiter auf dem Weg zum eigenen Projekt, in dem ihr alles findet, was ihr braucht. Die Kunst- und Kulturszene muss diverser und auch jünger werden. Das geht aber nur, wenn die entsprechenden Personen sich trauen, diese Aufgabe zu übernehmen.

Lea Isabelle Sander, Juni 2020

Danksagung

Bei der Entstehung dieses Leitfadens haben wir wertvolle Hilfe von den unterschiedlichsten Menschen erfahren, denen wir an dieser Stelle unseren ausdrücklichen Dank aussprechen möchten.

Zunächst möchten wir uns bei all unseren „KulturCamper*innen" bedanken, die an unserer Lehrveranstaltung teilgenommen und mit ihren individuellen Projekten und Ideen unsere Tätigkeit bereichert haben. Ein ganz besonderer Dank gilt hierbei denjenigen Personen, die uns für dieses Buch Einblicke in ihre Arbeitsprozesse gegeben haben: Projekt „KulTour" (Julia Wessel und Rebekka Herrig), Projekt „TalTour" (Charlotte Jeschke), Projekt „Die tapfere Teodora" (Linda Buhl und Marie Rademacher), Projekt „YAYA" (Lea Isabelle Sander), Projekt „Gemeinsam Musik (er)leben" (Björn Krüger) sowie auch Herrn Prof. Dr. Robert v. Zahn (Generalsekretär des Landesmusikrats NRW) für die Bereitstellung der Ausschreibung des Landesmusikrats. Ein ganz besonderer Dank gilt Martina Bangel. Mit ihren gestalterischen Ideen begleitet sie den KulturCampus vom ersten Tag an und war auch für das Coverdesign dieses Buchs verantwortlich.

Zur Verwirklichung des Werkes haben wir uns mit dem Regionalverlag Edition Köndgen vernetzt und in der Lektorin Manuela Sanne eine stilsichere Korrektorin gefunden, die Grafikerin Sandra Balcke hat dem Buchinhalt die passende Form gegeben und der Verleger Thomas Helbig hat uns vom Projekt begeistert zu Vertrieb und Editionsformen beraten.

Weiterhin möchten wir uns ausdrücklich bei denjenigen Personen und Institutionen bedanken, ohne deren Unterstützung es den „KulturCampus Wuppertal" nicht geben würde. Besonderer Dank gebührt hier dem Rektor der Bergischen Universität, Prof. Dr. Dr. h.c. Lambert T. Koch, der uns von Anfang an Vertrauen und Unterstützung für unsere Idee entgegengebracht hat. Hiermit verbunden bedanken wir uns bei dem Rektorat, der FABU (Verein der Freunde und Alumni der Bergischen Universität e.V.) sowie der Dr. Werner Jackstädt-Stiftung für die Bereitstellung des ersten Startkapitals für das Lancieren des KulturCampus Wuppertal. Hiermit verbunden gebührt auch ein ausdrücklicher Dank Prof. Dr. phil. Helmke Jan Keden, der die Durchführung dieser Lehrveranstaltung in der Fachgruppe Musikpädagogik durchgehend unterstützt (hat). Erwähnen möchten wir hierbei auch Monika Heigermoser, ohne deren Initiative bei der Vermittlung eines Kulturschaffenden aus Wuppertal (für einen Vortrag an der Bergischen Universität Wuppertal) wir uns wahrscheinlich nicht begegnet wären.

Schließlich haben auch wir auf unserer Reise immer wieder neue Ideen und Inputs erhalten, wie wir den KulturCampus Wuppertal weiterentwickeln können. All denjenigen, die uns seit der Gründung und während der Entstehung dieses Buchs mit ihrem Feedback etc. inspiriert haben, möchten wir ganz herzlich Danke sagen. Unser Dank geht schließlich auch an Christine Löbbert, Daniela Bartels und Cindia Krüger, die mit ihren wertvollen Rückmeldungen zur Fertigstellung dieses Buches beigetragen haben.

TEIL A – PROJEKTARBEIT IN DER KULTURELLEN BILDUNG

Wolltet ihr schon einmal ein eigenes kulturelles Projekt initiieren und durchführen und wusstet nicht, wie ihr hierbei konkret vorgehen solltet?

1. Einleitung

In diesem Handbuch lernt ihr, wie ihr eine eigene Idee für ein kulturelles Projekt entwickelt und dann in eine konkrete Projektplanung umgestaltet. Hierbei leiten und begleiten wir euch systematisch durch alle relevanten Phasen von Projektentwicklung, -durchführung und -evaluation und beleuchten zentrale Fragestellungen, die sich ergeben. Um die einzelnen Aspekte und Schritte der Projektentwicklung möglichst anschaulich und nachvollziehbar darzustellen, ziehen wir einzelne ausgewählte Projekte heran, die so oder in ähnlicher Form auch in unserer Lehrveranstaltung „KulturCampus Wuppertal" (s. Kapitel 2) an der Bergischen Universität Wuppertal entwickelt und durchgeführt wurden. Die wertvollen Einblicke in die Arbeitsprozesse der Projektleitenden sowie die hiermit einhergehenden Dokumente erscheinen jeweils kursiv gedruckt.

Damit man schnell in die einzelnen Inhalte und Phasen einsteigen kann, haben wir dieses Handbuch weitgehend chronologisch strukturiert, wohl wissend, dass der Prozess der Projektentwicklung ein zyklischer ist, in dem die einzelnen Phasen nicht unbedingt in einer linearen Abfolge auftreten. Vielmehr ergeben sich diese in Anlehnung an die spezifische Art und Ausrichtung der Projektideen und können zu verschiedenen Zeitpunkten unterschiedlich stark in den Vorder- oder Hintergrund treten. In der thematischen Ausrichtung verzahnen wir hierbei den Bereich von Projektentwicklung/Entrepreneurship mit dem der Kulturellen Bildung.

Warum diese beiden Bereiche? Beim Durchforsten bestehender Publikationen zu entweder „Projektentwicklung" und/oder „Kultureller Bildung" fällt Folgendes auf: Publikationen im Bereich von (kultureller) Projektentwicklung behandeln das Thema in der Regel aus einer allgemeinen und weniger praxisorientierten Perspektive heraus. Diese Publikationen fokussieren das Thema der Projektentwicklung und -durchführung eher im Rahmen größerer Projektvorhaben, die z. B. mit Unternehmensgründungen (und Kapitalvermögen) verbunden sind. Dies hat zur Folge, dass insbesondere kleinere, nicht so kostspielige (und vielleicht einmalige) Projekte (im kulturellen und/oder sozialen Bereich) nicht in ihren Entwicklungsmöglichkeiten aufgezeigt werden. Der große Spielraum, der sich hier für Einsteiger und Neulinge in der Projektentwicklung und -durchführung ergibt, bleibt unberücksichtigt – daher die für dieses Buch gewählte Bezeichnung „Nutshell Entrepreneurship" (s. Kapitel 4).

In dieser Handreichung möchten wir euch durch die einzelnen Schritte der Projektentwicklung und -durchführung lotsen und Mut machen, eigene Projekte zu initiieren. Alles, was ihr benötigt, sind Motivation und ein überzeugendes Projektkonzept, in dem ihr die einzelnen Bestandteile, Phasen und benötigten Ressourcen für euer Vorhaben sauber durchdenkt. Damit ihr die einzelnen Phasen, die ein Projekt von der ursprünglichen Idee über seine Ausarbeitung und Verfeinerung bis hin zu seiner Durchführung und Evaluation durchläuft, gut nachvollziehen könnt, haben wir diese in ihrer logischen und aufeinander aufbauenden Abfolge im Buch in Form einzelner Kapitel nachgezeichnet. Hierbei wird jedes Kapitel von einem anderen inhaltlichen Schwerpunkt bestimmt (z. B. Ideenfindung, Fördermöglichkeiten etc.). Die einzelnen Schritte der Projektentwicklung und -durchführung werden konsequent am Beispiel eines bereits erfolgreich im KulturCampus durchgeführten Projektes, der „KulTour" (von Rebekka Herrig und Julia Wessel) verdeutlicht: Hierbei handelt es sich um eine kulturelle Stadtführung durch Wuppertal, die sich an Studierende der Bergischen Universität Wuppertal richtet. Darüber hinaus werden relevante Aspekte von Projektentwicklung und -durchführung an weiteren Projekten veranschaulicht:

- TalTour (Charlotte Jeschke)
- Die tapfere Teodora (Marie Rademacher und Linda Buhl)
- YAYA (Lea Isabelle Sander)
- Gemeinsam Musik (er)leben (Björn Krüger)

2. Der KulturCampus Wuppertal (KCW)

2.1 Was ist der KulturCampus Wuppertal?

Wie bereits erwähnt, ist die Idee für dieses Handbuch aus einer universitären Lehrveranstaltung heraus entstanden, die wir (Annette Ziegenmeyer und Björn Krüger) 2016 an der Bergischen Universität Wuppertal initiiert haben. Mittlerweile ist der KulturCampus Wuppertal fester Bestandteil der Hochschullehre geworden, und zwar einerseits als zweisemestriges Wahlpflichtmodul im Kombinatorischen Bachelor (Musikpädagogik) und andererseits im Optionalbereich der Bergischen Universität Wuppertal.

Die universitäre Lehrveranstaltung „KulturCampus Wuppertal" (kurz: KCW) bietet Studierenden die Möglichkeit, eigene Ideen für kulturelle Projekte zu entwickeln und diese auch durchzuführen. Durch die individuelle Arbeit an einem eigenen Projekt erhalten sie wichtige Kompetenzen in den verschiedenen Bereichen von kultureller Projektarbeit und können sich ein Netzwerk zu Kulturschaffenden aus Stadt und Region aufbauen. In einem Einführungsseminar (im Wintersemester) bekommen die Studierenden Einblicke in kulturelle Arbeitsfelder und erwerben Kompetenzen in der kulturellen Projektarbeit (Projektkonzeption und Projektgestaltung, Suche nach Förderern, Antragstellung, Kostenkalkulation, Vernetzung etc.). Hierauf aufbauend entwickeln sie ein eigenes kulturelles Projekt mit individuellem Schwerpunkt. Die Projektdurchführung erfolgt im Sommersemester und wird in Form eines Blockseminars/Kolloquiums begleitet. Das Modul wird einerseits durch eine schriftliche Projektdokumentation/-evaluation und einen Vortrag abgerundet. Andererseits erhalten die Studierenden ein Zertifikat „KulturCampus Wuppertal: Projektarbeit in der kulturellen Bildung", in dem ihnen die in ihrer Projektarbeit erworbenen Kompetenzen zertifiziert werden.

Neben der Seminarveranstaltung haben wir auch den Verein „KulturCampus Wuppertal e.V." gegründet, um den Studierenden und darüber hinaus auch interessierten Kulturschaffenden ein Werkzeug an die Hand zu geben, eigene Projekte zu entwickeln und über den Verein zu fördern. Schließlich gibt es auch einen KulturCampus-Podcast, der von Lea Isabelle Sander koordiniert und entwickelt wird.

2.2 Einblick in die Auswahlprojekte

Im KulturCampus Wuppertal sind bislang viele Projekte entwickelt und durchgeführt worden und weitere sind in Planung (siehe hierzu unsere Website: www.kulturcampus-wuppertal.de). In ihrer Dimension und Zielgruppenorientierung umfassen die Projekte ein breites Spektrum und verfolgen hierbei künstlerische, kulturelle, musikpädagogische und/oder soziale Ansätze. Alle Projekte wurden von Privatpersonen, Stiftungen, Initiativen oder öffentlichen

Geldern gefördert und erfolgreich abgeschlossen. Zwei Projekte (Zusammen weinen, Zusammen lachen e.V. und YAYA e.V.) sind noch immer aktiv und wurden inzwischen durch Vereinsgründungen institutionalisiert. Im Folgenden skizzieren wir kurz die vier Projekte, die auch in diesem Buch besprochen wurden:

„KulTour"

Das Projekt „KulTour" ist eine kulturelle Stadtführung für Studierende aller Fachrichtungen und Semester der Bergischen Universität Wuppertal. Eine Gruppe Erstsemester besuchte an zwei Wochenenden im Spätherbst 2018 eine breite Vielfalt an kulturellen Veranstaltungen in der Stadt.

- Projektleiterinnen: Julia Wessel und Rebekka Herrig
- Förderung durch den „Bergischen Kulturfonds"

„TalTour" – Geheimkonzerte an ungewöhnlichen Orten

Dieses künstlerische Projekt stellt ein innovatives Konzertformat dar, bei dem ein/e geheim gehaltene/r Künstler*in oder Ensemble ein Konzert gibt. Charlotte Jeschke selbst führte mit der Songwriterin Eva Croissant und ihrem Ensemble die Auftaktveranstaltung in Wuppertal durch – der Ort: die Bistro-Ebene der Stadtsparkasse.

- Projektleiterin: Charlotte Jeschke
- Förderung durch die Stadtsparkasse Wuppertal

„Die tapfere Teodora"

Bei der „tapferen Teodora" handelt es sich um ein musikpädagogisches Grundschulprojekt, das in Kooperation mit einer Grundschule in Solingen durchgeführt wurde. Die Projektleiterinnen gestalteten gemeinsam mit den Kindern einer Musik-AG ein Bilderbuch und vertonten dieses.

- Projektleiterinnen: Marie Rademacher und Linda Buhl
- Förderung durch den Betrieb Wüsthof Dreizack

„YAYA"

„YAYA" ist ein Netzwerk aus Künstler*innen und Geschlechterminderheiten der Region. Ziel des Netzwerks ist es, die Kunst- und
Kulturszene diverser werden zu lassen, damit sie ein realistische-
res Abbild der Gesellschaft darstellt. Veranstaltungen, Workshops,
Podiumsdiskussionen, interne Retreats und vieles mehr schaffen
die Möglichkeit, sich zu vernetzen, neue Projekte zu beginnen, die
man sich vorher nicht zugetraut hätte, und eine Gemeinschaft zu
haben, die Unterstützung und Ermutigung gibt. Monatliche Netz-
werktreffen (im Kulturzentrum „Loch") dienen einem gegenseitigen Austausch, Inspiration und dem Weiterentwickeln von Ideen
(www.yaya-netzwerk.de).

- Vereinsvorsitzende: Lea Isabelle Sander, Gin Bali,
  Pia Axmacher
- Regelmäßige Förderungen (z. B. Kulturbüro Wuppertal,
  Fonds Soziokultur)

3. Projektarbeit in der Kulturellen Bildung

3.1 Was ist eigentlich ein Projekt?

Das Deutsche Institut für Normung e.V. definiert unter DIN 69901
ein Projekt als ein „Vorhaben, das im Wesentlichen durch Einmalig-
keit der Bedingungen in ihrer Gesamtheit gekennzeichnet ist, wie
z. B. eine Zielvorgabe, zeitliche, finanzielle personelle oder anderer
Begrenzungen, Abgrenzung gegenüber anderen Vorhaben, projektspezifische Organisation. (zitiert nach Klein 2010, S. 10). Armin
Klein leitet hieraus folgende Kriterien ab: Ein Projekt ist einmalig,
verfolgt ein klar definiertes Ziel und hat eine zeitliche Begrenzung.
Darüber hinaus hat es auch weitere Begrenzungen (in Bezug auf
die Finanzen, das Personal und weitere Kapazitäten). Es ist außer-

dem gegenüber anderen Vorhaben abgegrenzt und hat eine projektspezifische Organisation (siehe ebd., S. 10ff.).

Übertragen auf das Projekt „KulTour" stellen sich diese Kriterien folgendermaßen dar:

Einmaligkeit/zeitliche Begrenzung	26.-28.10.2018 und 30.11-02.12.2018
Klar definiertes Ziel	Studierenden der Bergischen Universität Wuppertal (Erstsemester) das kulturelle Leben Wuppertals in seiner Vielfalt durch eine kulturelle Stadtführung (verteilt über zwei Wochenenden) nahebringen
Weitere Begrenzungen	
Finanzen	€ 1.300,00
Personal	Rebekka Herrig und Julia Wessel
Andere Kapazitäten	Markus Herrig (Entwurf eines Logos)
Von anderen Vorhaben abgegrenzt	z. B. Erstsemester-Kneipentour
Projektspezifische Organisation	Projektteam (Rebekka Herrig und Julia Wessel) steuert Programm und Kooperation mit zahlreichen kulturellen Institutionen Wuppertals

3.2 Kontexte: Kulturelle Bildung und Soziale Arbeit

Je nach Dimension und Zielgruppenorientierung lassen sich kulturelle Projekte in verschiedenen Kontexten verorten, die zumeist eine eher künstlerische, kulturelle, kulturpädagogische und/oder soziale Ausrichtung aufweisen. Übergeordnet ergeben sich oft Schnittmengen, die sich entweder dem Bereich der Kulturellen Bildung und/oder dem der Sozialen Arbeit zuordnen lassen.

Bei dem Versuch, den Begriff der Kulturellen Bildung zu definieren, gehen die Vorstellungen über Inhalte, Methoden und Zielsetzungen teilweise sehr weit auseinander (siehe hierzu Stute/ Wibbing 2014). Dennoch erkennt man auch übergreifende Aspekte wie vor allem das Ziel der Bildung zur kulturellen Teilhabe im Sinne von Partizipation am künstlerisch kulturellen Geschehen einer Gesellschaft (siehe hierzu Ermert 2009). Kulturelle Bildung wird außerdem als „Lern- und Auseinandersetzungsprozess des Menschen mit sich, seiner Umwelt und der Gesellschaft im Medium der Künste und ihrer Hervorbringungen" beschrieben (ebd.). Weiterhin ist der Begriff durch Prinzipien geprägt wie Ganzheitlichkeit, Selbstwirksamkeit, ästhetische und künstlerische Erfahrung, Stärkenorientierung und Fehlerfreundlichkeit, Interessenorientierung, Partizipation, Erleben von Vielfalt, selbstgesteuertes Lernen in Gruppen, Zusammenarbeit von Kindern und Jugendlichen mit professionellen Kulturpädagog*innen und Künstler*innen, Öffentlichkeit und Anerkennung (BKJ)).

Der Bereich der Kulturellen Bildung ist auf vielfältige Art und Weise mit anderen Kontexten verzahnt. Einer davon ist die Soziale Arbeit. So sind im Zuge der soziokulturellen Veränderungen die Kontexte, in denen Musik gemacht wird/werden kann, und auch die Zielgruppen, an die sich musikalische Angebote richten, immer vielfältiger geworden. Für Musiker*innen, Musikpädagog*innen sowie überhaupt für Kulturschaffende öffnen sich somit zahlreiche neue Arbeitsfelder, die häufig erst im Zusammenhang von gesellschaftspolitischen Themen wie z. B. Inklusion, Migration, Digitalisierung etc. in den Blick geraten und entstehen. Musizieren mit geflüchteten Menschen (siehe hierzu die niederländische Organisation „Musicians without borders"), Musikangebote für Senior*innen, die große Vielfalt von Education-Programmen (sowohl im institutionellen Bereich als auch initiiert durch Einzelakteure) – all dies sind nur einige Beispiele der großen Vielfalt.

4. Nutshell Entrepreneurship

Unter dem Begriff „Entrepreneurship" versteht man in der aktuellen Lesart das innovative Kreieren neuer Ideen im Kontext von Unternehmensgründungen. Mit dem deutschen Pendant des „Unternehmertums" hat der/die „Entrepreneur*in" weniger zu tun. In Anlehnung daran haben wir den Begriff „Nutshell Entrepreneurship" als ergänzende Beschreibung für kleine Projektvorhaben entwickelt, da wir als aktive Projektentwickler*innen und Begleiter*innen vielfältiger Projekte viele Parallelen sehen.

Kleine, oft einmalig stattfindende Projekte unterscheiden sich im Kern nicht von großen und später auch verstetigten Unternehmungen aktiver Entrepreneur*innen. Ideenfindung, Planung, Kapitalbeschaffung, die Akquise von Kooperationspartner*innen etc. sind auch bei Projekten wie den in diesem Leitfaden beschriebenen zentrale Bestandteile bzw. Arbeitsschritte. Weiterhin sind auch Nutshell-Entrepreneur*innen getrieben von einer ganz individuellen und innovativen Idee. Sie brennen für ihr Projekt und dieses hat nicht selten einen ganz individuellen Bezug zum/zur Erschaffer*in. Mit dem Präfix „Nutshell" weisen wir aber auch gleichwohl auf die Unterschiede zu klassischen Unternehmensgründungen hin:

Die Durchführung kleinerer Projekte findet kompakt, komprimiert und oftmals in einem kurzen und abgeschlossenen Zeitraum statt. Diese Projekte bestechen hier aber auch durch große Flexibilität im Sinne von Möglichkeiten wie Verstetigung und Skalierung.

Oft handelt es sich bei Nutshell-Projekten um Vorhaben, die (im Vergleich zu richtigen Unternehmensgründungen) nur einer sehr kleinen finanziellen Ausstattung bedürfen. Hierunter fallen Projekte in einer Spanne von einigen hundert Euro bis in den fünfstelligen Eurobereich. In seltenen Fällen geht es darüber hinaus.

Zudem hat der/die Nutshell-Entrepreneur*in in der Regel keine Angestellten und verfügt zunächst nur über einmalige und zweckgebundene Projektgelder. Das Großartige daran: Er/Sie darf und soll ausprobieren. Denn ein langfristiger Aufbau ist für diese Art von Projekten in der Regel nicht vorgesehen, mitunter auch gar nicht gewünscht.

Vor allem im Bereich der kulturellen Bildung (mit all seinen Facetten wie z. B. der künstlerischen oder der „sozialen Arbeit") stellt diese Form von Projektarbeit den weitverbreiteten Alltag für freiberufliche Kulturschaffende dar. Verstetigte Arbeitsverhältnisse sind hier im Allgemeinen nicht vorgesehen. Durch den Begriff des „Nutshell Entrepreneurship" wollen wir schlussendlich auch erreichen, dass die vielfältige Projektarbeit dieser Kulturschaffenden mehr Wertschätzung erfährt, da sie unverzichtbarer Bestandteil des kulturellen Lebens unseres Landes ist.

TEIL B – VON DER IDEE ZUM PROJEKT
ENTWERFEN UND PLANEN

Auf dem Weg von der ersten Idee hin zu seiner Durchführung durchläuft ein Projekt in der Regel Phasen wie Entwicklung, Durchführung und Evaluation. Dies bedeutet, dass der tatsächlichen Projektdurchführung in der Regel eine längere Phase der Ideenfindung und Ausarbeitung vorangeht, in der das Projekt in all seinen Details durchdacht und geplant wird und Anträge sowie Kosten- und Finanzierungspläne ausgearbeitet werden.

In diesem Kapitel beschreiben wir wichtige Schritte, die dir helfen können, dein eigenes Projekt zu planen und zu entwickeln.

1. Ideenfindung

1.1 Persönliches Interesse

Am Beginn eines Projekts steht in der Regel eine Idee, die sich auf ganz unterschiedliche Art und Weise ihren Weg bahnt. So kann es sein, dass ihr schon länger einen bestimmten Gedanken habt und dafür förmlich brennt. Es kann aber auch sein, dass ihr eine Idee erst entwickeln müsst. Hierbei kann es helfen, sich bestimmte Fragen zu euren eigenen Interessen, Talenten und eurer Lebensplanung zu stellen:

Eigene Biografie, Interesse, Talent etc.
- Was interessiert mich?
- Wo sehe ich die Notwendigkeit/Möglichkeit, etwas zu kreieren?

- Was wollte ich schon immer einmal machen?
- Möchte ich Menschen etwas ermöglichen, was mir selbst nie möglich war?
- Was möchte ich ausprobieren?
- Wo möchte ich beruflich hin?

Persönliches Interesse/Motivation
- Warum möchte ich dieses Projekt durchführen?
- Was motiviert mich?
- Verfolge ich einen Lebenstraum oder eine bestimmte berufliche Perspektive oder aber möchte ich mich einfach ausprobieren, in einem mir noch unbekannten Bereich?

Lebensumstände und die Lebensplanung
- Wie sieht meine konkrete Planung für die nächsten ein bis zwei Jahre aus?
- Über wie viel Zeit verfüge ich überhaupt für ein Projekt?
- Wie viel Unterstützung benötige ich?
- Verträgt sich das Projekt mit meiner eigenen Lebensplanung z. B. in Bezug auf die zeitlichen Ressourcen?

Insgesamt treten diese verschiedenen Faktoren/Fragestellungen in unterschiedlicher Ausprägung und Kombination in den Vorder- oder Hintergrund der eigenen Projektplanung. Mal überwiegen persönliche Gründe für ein Projekt, mal entwickelt sich eine Idee erst aus einem konkret sichtbar werdenden Bedarf heraus. Wie ein persönlicher Bezug zum Projekt z. B. aus der eigenen künstlerischen Tätigkeit erwachsen kann, wird in dem Projekt „TalTour" von Charlotte Jeschke deutlich:

„Die Idee der Geheimkonzerte entstand lange vor dem Seminar. Ich habe mit meinem Duo zusammengesessen und wir haben an Ideen für das kommende Konzertjahr gearbeitet. Vergangene Konzerte haben gezeigt, dass die Atmosphäre an manchen Orten eine ganz besondere war, sowohl für uns als Künstler als auch für unser Publikum. Schnell entstand die Idee einer Minitour quer durch Wuppertal, um mit ungewöhnlichen und gleichzeitig besonderen Orten die Zuschauer anzulocken und gleichzeitig ein neues Bild auf ihre Stadt zu werfen."

(Charlotte Jeschke: „TalTour")

Bei der Frage nach dem persönlichen Interesse und/oder dem Bedarf ist aber nicht die Reihenfolge entscheidend, sondern vielmehr die Tatsache, dass man sich als Projektleiter*in überhaupt mit diesen Faktoren auseinandersetzen muss. Ein ehrliches Hinterfragen dieser Punkte (u. a. auch der eigenen Beweggründe) hilft dabei, das Projekt in Ausrichtung, Dimension und Realisierbarkeit überschaubar zu halten und es nicht zu einer persönlichen Belastungsprobe werden zu lassen.

Im Projekt „KulTour" lassen sich diese beiden Aspekte – erstens die persönlichen Gründe und zweitens der erkannte Bedarf – sehr gut nachvollziehen. So sind das Interesse an der Wuppertaler Kleinkunstszene und die Idee, Studierende aus verschiedenen Studiengängen zu vernetzen zentrale Ausgangspunkte für die kulturelle Stadtführung „KulTour". Das Bedürfnis, die sich vielfältig präsentierende Kulturszene der Stadt Wuppertal sichtbar zu machen, wird von den Projektleitenden erkannt:

„Als ich vor drei Jahren nach Wuppertal zog, hatte ich große Freude daran, die Wuppertaler Kulturszene, insbesondere die der Kleinkunst, zu entdecken. Als uns im KulturCampus-Seminar der Kulturbericht 2016/17 des Kulturbüros ausgeteilt wurde, stellte ich schnell fest, dass in diesem lediglich über die Wuppertaler Hoch-

kultur berichtet wurde. Die Kleinkunstszene fehlte völlig. Somit war für mich die Idee geboren, einen Überblick über dieses bunte Angebot Wuppertals zu schaffen."

(Rebekka Herrig: „KulTour")

„Die Projektidee stammt von Rebekka. Während ich noch die Idee hatte, ein Veranstaltungsformat aus Lesung und Konzert für Studierende der Musikpädagogik und Literaturwissenschaften zu entwickeln, erarbeitete sie bereits ein Konzept für ein kulturelles Äquivalent zu den Kneipentouren für Erstsemester. [...] Ich war sofort begeistert von ihrer Idee, Rebekka gefiel wiederum der Gedanke meines Projekts, Studierende aus verschiedenen Studiengängen interessenbasiert zu vernetzen. Nach einigen Überlegungen dazu, beide Ideen miteinander zu verbinden, beschlossen wir, uns auf die kulturelle Stadtführung zu konzentrieren, da dieses Projekt meiner Meinung nach mehr Potenzial versprach und im Gespräch zwischen uns sofort die Ideen sprudelten, welche Orte und Veranstaltungen wir unseren Kommilitoninnen und Kommilitonen gern ans Herz legen würden. Auch unsere Kenntnisse und Kontakte ergänzten sich schon auf den ersten Blick: Während Rebekka über einen guten Überblick über die freie Kulturszene und über diverse Kontakte innerhalb der Fachschaften der Uni und vor allem unter den Musikern verfügte, brachte ich Kontakte zu einigen „hochkulturellen" Institutionen mit. Für mich bot die Projektidee außerdem die Möglichkeit, weitere Akteure aus der Wuppertaler Kulturlandschaft kennenzulernen und Erfahrungen in der kulturellen Projektarbeit zu sammeln, da ich auch nach meinem Studium in diesem Bereich tätig sein möchte."

(Julia Wessel: „KulTour")

　　　　　　　　　　　　　　　　　　TEIL B

1.2 Bedarfsanalyse

Auf diese erste Phase der Ideenfindung – und auch währenddessen – folgt in der Regel eine gründliche Recherche. Untersucht wird, inwieweit das Projekt ein Novum ist oder ob es in einer ähnlichen Form bereits existiert. Weiterhin sollten hier der konkrete Bedarf und das gesellschaftliche Interesse an einem solchen Projekt ermittelt werden. (Eine bereits existierende Projektidee kann z. B. an einem anderen Ort mit einer ähnlichen und/oder anderen Zielsetzung verfolgt werden).

In Bezug auf die Frage nach einem konkreten Bedarf lohnt es sich, systematisch vorzugehen und sich z. B. folgende Fragen zu stellen:

- Welche Zielgruppe braucht aktuell Unterstützung/ Förderung (z. B. bestimmte Bevölkerungsgruppen in einer Region/Stadt/Stadtteil)?
- Welche Art von Unterstützung ist wann und in welchem Ausmaß notwendig?
- Wie könnte diese Unterstützung umgesetzt werden?
- Gibt es schon Projekte, die meine Idee mehr oder weniger umsetzen? Wenn ja, wo finden diese wie statt?

Weiterhin kann thematisch recherchiert werden: Welche Themenfelder werden bereits in welchen Projekten realisiert, welche nicht? Durch diese Herangehensweise ergeben sich vielfältige neue Perspektiven für Projekte. Hierbei bieten auch aktuelle Ausschreibungen zu Förderprogrammen eine gute Möglichkeit sich grundsätzlich über Förderungen zu Themen und Zielgruppen zu informieren (siehe Kapitel 3: „Ausschreibungen lesen").

Eine solche Bedarfsanalyse wird in den Überlegungen zur Konzeption der „KulTour" deutlich: Von zentraler Bedeutung ist hier die Beobachtung, dass vor allem Veranstaltungen im hochkulturellen Bereich (z. B. Oper) von einer älteren Zielgruppe wahrgenommen werden. Gründe für das ausbleibende jüngere Publikum (hier: in Bezug auf die Studierenden) vermutet Julia Wessel zum einen in einer möglichen Unwissenheit über das Angebot an Rabatten für kulturelle Veranstaltungen und zum anderen in einer generellen Hemmschwelle gegenüber dem hochkulturellen Bereich.

„Wer im Alter von etwa Mitte zwanzig kulturelle Veranstaltungen in Wuppertal besucht, wird schnell merken, dass er oder sie den Altersdurchschnitt der Anwesenden erheblich senkt: Vor allem hochkulturelle Veranstaltungen werden überwiegend von einer älteren Zielgruppe wahrgenommen, obwohl zahlreiche Häuser studentische Rabatte anbieten [...]. Dass wir selbst Teil der Zielgruppe waren, erleichterte uns die Planung an einigen Stellen, da wir aus alltäglichen Erfahrungen oder aus Gesprächen mit Freunden und Kommilitonen schöpfen konnten. Unseren Überlegungen zufolge gibt es für die mangelnde Eigeninitiative bezüglich des Besuchens kultureller Veranstaltungen unter den Studierenden verschiedene Gründe: Viele von ihnen, vor allem Erstsemester, wissen gar nicht um das vielfältige Angebot und um die Rabatte. Auf viele, vor allem kleinere Veranstaltungen aus der freien Szene, stößt man nur, wenn man gezielt auf der Facebook-Seite oder vor Ort nach Hinweisen sucht [...] Ein weiterer Grund ist, dass bei Studierenden, die den Umgang mit Kulturinstitutionen nicht gewohnt sind, vor allem zum hochkulturellen Bereich häufig Hemmschwellen bestehen. Wer noch nie eine Oper besucht hat, stellt sich sicher vor, dort fehl am Platz zu sein, weiß nicht, was er oder sie anziehen soll und bezweifelt, ob ihm oder ihr dieses Format überhaupt gefällt – zumal, wenn es nur einen geringen oder gar keinen studentischen Rabatt gibt, fällt es da schwer, ein Risiko einzugehen. Doch selbst die Studierenden, die sich generell für kulturelle Veranstaltungen interessieren, nutzen die Angebote nur unregelmäßig – und davon konnten wir uns selbst auch nicht gänzlich freisprechen, schließlich gibt es so viele Freizeitangebote, dass das Theater manchmal

1.3 Zielbildung

Aus der inhaltlichen Ausrichtung eures Projekts ergibt sich zugleich auch die Frage, welche Ziele ihr damit erreichen wollt. Insbesondere, wenn ihr mit (mehreren) Projektpartner*innen zusammenarbeitet, ist es wichtig, diese klar und realistisch zu formulieren und zu kommunizieren, denn: Mit euren Zielen gebt ihr zunächst einen gemeinsamen Orientierungsrahmen für alle am Projekt Beteiligten vor. Weiterhin sind diese unerlässlich für die genaue Planung einzelner Schritte und Maßnahmen in Bezug auf die Durchführung und Evaluation des Projekts. In Anlehnung an die SMART-Methode sollten eure Ziele vor allem präzise, messbar, erreichbar, realistisch und terminiert formuliert sein: S = specific, M = measurable, A = achievable, R = realistic, T = time-scaled.

Ein zentrales Ziel der Projektleiter*innen von „KulTour" ist es, über die kulturellen Angebote Wuppertals zu informieren und hiermit einhergehend auch deren Attraktivität zu vermitteln. Die Idee, hierbei Studierende miteinander zu vernetzen, soll eventuell bestehende Hemmschwellen, diese Veranstaltungen zu besuchen, abbauen. Auch langfristige Ziele werden vom Projekt-Team in Erwägung gezogen: Nachwuchsgewinnung für die Wuppertaler Kulturlandschaft und Attraktivitätssteigerung des Studien- und Lebensstandorts Wuppertal für Studierende.

„All diesen Barrieren wollten wir mit der KulTour entgegenwirken: Durch die gemeinsamen Besuche sollten die Teilnehmenden auf Orte hingewiesen werden, an denen kulturelle Veranstaltungen stattfinden, die Hemmschwellen abgebaut werden, diese auch in Zukunft zu besuchen, die Attraktivität von Kulturveranstaltungen gegenüber anderen Freizeitaktivitäten aufgezeigt und eine interessenbasierte Vernetzung bewirkt werden, auf deren Basis im besten Fall eine feste Gruppe für regelmäßige Veranstaltungsbesuche entstehen sollte. Langfristige Ziele des Projekts lagen in einer ‚Nachwuchsgewinnung' für das Publikum der Wuppertaler Kulturlandschaft und einer Attraktivitätssteigerung des Studien- und Lebensstandorts Wuppertal für Studierende."

(Julia Wessel: „KulTour")

Hiermit verbunden ist auch die Frage danach, wie das Projekt umgesetzt werden soll bzw. kann. Je nach Art, Kontext und Zielgruppe des Projekts (sowie den persönlichen Ressourcen) helfen hier folgende Fragen:

- Ist es ein einmaliges oder langfristiges Projekt?
- Handelt es sich um ein einmaliges Ereignis oder findet es über einen gegebenen Zeitraum regelmäßig statt (z. B. wöchentlich, monatlich, jährlich)?
- Ist ein eine öffentliche und/oder private Veranstaltung (nur einer bestimmten Gruppe zugänglich)?

Bei der „KulTour" handelt es sich zunächst um ein einmaliges Projekt, das zu Beginn des Wintersemesters 2018/19 an zwei Wochenenden im November durchgeführt wurde. Als Format ist es so angelegt, dass es im Rahmen verfügbarer Ressourcen theoretisch in jedem Semester wiederholt angeboten werden kann. Es ist eine öffentliche Veranstaltung, die Studierenden (Erstsemester) der Bergischen Universität Wuppertal offensteht und dessen Teilnehmer*innenzahl auf 20 beschränkt ist.

2. Von der Idee zum Projekt

2.1 Was benötige ich?

Ihr habt eine Idee für euer Projekt und habt sowohl Lust als auch (zeitlich) die Kapazität dieses umzusetzen? Dann geht es im nächsten Schritt darum, euch zu fragen, was und wen ihr in welcher Form für die Umsetzung benötigt. Je nach Art und Dimension des Projekts ergeben sich zahlreiche Möglichkeiten, in welche Richtung ihr hierbei denken könnt. Erstens geht es um die Frage nach Art und Umfang der von euch benötigten Ressourcen und zweitens darum, wie ihr diese bekommen könnt.

- Ressourcen lassen sich unterteilen in:
- materielle Ressourcen (z. B. Instrumente)
- personelle Ressourcen (z. B. Musiker*innen, Mitarbeiter*innen)
- räumliche Ressourcen (z. B. Bereitstellung einer Bühne)
- finanzielle Ressourcen (z. B. Miete für die o.a. Bereiche)
- Werbungsmittel (z. B. Plakate)

2.2 Kooperationspartner*innen

Inwiefern benötige ich Kooperationspartner*innen? Und wenn ja, wofür?

Die Frage nach Finanzierung der einzelnen Bereiche zieht oft die Frage nach möglichen Kooperationspartner*innen mit sich. Letztere können auf vielfältige Art und Weise gefunden und eingesetzt werden, um ein Projekt zu realisieren und zu seinem Erfolg beizutragen. Je nach Art und Ausrichtung der Projekte ergeben sich unterschiedliche Möglichkeiten und Notwendigkeiten der Zusammenarbeit. Die Art der Kooperation reicht hier von – idealerweise schriftlich fixierten – Vereinbarungen, die für eine kurze Zeit getrof-

fen werden (z. B. in Bezug auf die jeweiligen Aufgabenfelder und
Ziele der Projekt-Beteiligten) bis hin zu der gemeinsamen Gestal-
tung eines nachhaltigen Prozesses, der sich über einen längeren
Zeitraum hinziehen kann.

- Wofür benötigt ihr welche (Art von) Kooperations-
  partner*innen (z. B. Theater für die Bereitstellung eines
  Aufführungsorts, Musikgeschäft für Instrumenten-
  ausleihe)?
- Benötigt ihr ggf. einen Verein als Träger? (Bestimmte
  Fördermittel können nur von als gemeinnützig
  anerkannten Körperschaften wie z. B. gemeinnützigen
  Vereinen beantragt werden.)
- Gibt es positive/negative Erfahrungen mit bestimmten
  Kooperationspartner*innen?

Die Suche nach Kooperationspartner*innen nimmt im Projekt
„KulTour" einen besonderen Raum ein. Um den Studierenden
eine möglichst „vielseitige Auswahl aus der Wuppertaler Kulturlandschaft" vorzustellen, suchen die Projektleiterinnen gezielt
nach Veranstaltungshäusern im Bereich der Hochkultur und der
Kleinkunst. An dieser Stelle der Projektplanung zeigt sich besonders deutlich, wie die Projektleiterinnen ihre eigenen Kontakte gezielt einsetzen, um potentielle Projektpartner für ihr Vorhaben zu
gewinnen.

*„Ziel unserer Programmplanung war es, eine möglichst vielseiti-
ge Auswahl aus der Wuppertaler Kulturlandschaft zu treffen, die
ebenso Hochkultur wie Kleinkunst, traditionelle und moderne Stationen aus verschiedenen künstlerischen Disziplinen abdeckt. Wir
suchten gezielt auf den Webpräsenzen der Veranstaltungshäuser
nach Events aus den Bereichen Theater, Musik, Oper, Literatur,
Tanz und bildende Kunst. Die Gespräche mit den Veranstaltern,
die wir teils telefonisch, teils per Mail mit einem Projektanschrei-*

ben kontaktierten, erwiesen sich als einer der für uns erfreulichsten Teile des Projekts: Beinahe überall stießen wir auf offene Ohren, Begeisterung für die Idee und ein großes Entgegenkommen – sowohl finanziell als auch mit einem Rahmenprogramm wie persönlichen Einführungen, Vor- oder Nachgesprächen sowie Informationsmaterial. Was wir uns im Rahmen unseres Antrags bereits überlegt hatten – dass wir mit unserer Idee eigentlich offene Türen einrennen müssten, da jede Kulturinstitution dankbar für interessierte Studierende sein müsste – bewahrheitete sich fast ausnahmslos. Zugute kamen uns bei der Akquise definitiv unsere Kontakte, vor allem die, die ich durch meine Tätigkeiten für das studentische Online-Magazin Auf der Höhe und für die Westdeutsche Zeitung mitbrachte.“

(Julia Wessel: „KulTour“)

Wie stelle ich möglichen Kooperationspartner*innen mein Projekt vor?

Die Frage danach, wie man sein Projekt und sich selbst bei der ersten Kontaktaufnahme vorstellt, ist nicht pauschal zu beantworten. Jedoch gibt es einige Punkte, die sich anbieten, vor, während und unmittelbar nach der ersten Kontaktaufnahme zu berücksichtigen. Das Ziel ist hier, eine gute und solide Basis herzustellen, sodass bei eurem Gegenüber Interesse für euer Vorhaben geweckt wird.

→ *Vor der ersten Kontaktaufnahme*

Generell ist es wichtig, sich vor der ersten Kontaktaufnahme mit den anvisierten Partner*innen und ihren möglichen Interessen sowie ihrem Arbeitsfeld auseinanderzusetzen. Hier solltet ihr euch gründlich vorbereiten und z. B. folgende Überlegungen einbeziehen:

- Um was für eine Person handelt es sich?
- In welchem System arbeitet sie?

- Was könnte ihr spezifisches Interesse an meinem Projekt sein?
- Wie kann ich eine gute Verbindung zwischen meiner Idee und dem möglichen Interesse der Person schaffen (Win-win-Situation)?

Aufbauend auf euren Recherchen, eurem Interesse sowie eurer persönlichen Nähe oder Distanz zu dieser Person/Institution solltet ihr euch strategisch überlegen, wie die erste Kontaktaufnahme erfolgen sollte. Hierbei gilt es kritisch abzuwägen, 1. welche Möglichkeiten der Kontaktaufnahme ihr habt (E-Mail, Telefon, persönlich etc.) und 2. welche Vorteile die einzelnen Möglichkeiten für die Erreichung eures Ziels haben können. Mit anderen Worten: Was ist der Vorteil, wenn ich z. B. anrufe/persönlich vorstellig werde etc.?

Um einen „bleibenden Eindruck" zu hinterlassen (bzw. diesen zu verstärken), lohnt es sich, für ein erstes Treffen ein ansprechendes Portfolio oder eine Dokumentenmappe zusammenstellen und ggf. schon vorab zuzusenden. Außerdem ist es ratsam, dass ihr die Fragen und Themen, die ihr gerne besprechen möchtet, klar formuliert (Tipp: am besten vorher verschriftlichen).

→ *Die erste Kontaktaufnahme und/oder das erste Treffen*
Euer erstes Telefonat oder Treffen steht bevor. Die Frage ist nun, wie ihr den ersten Eindruck (für den es in der Regel keinen zweiten Versuch gibt) so überzeugend wie möglich gestalten könnt. Daher ist es sehr wichtig, euch bei diesem ersten Zusammentreffen optimal zu präsentieren, und zwar indem ihr
- euer Anliegen klar und verständlich formuliert
- Argumente liefert, mit denen ihr euer Gegenüber von der Relevanz eures Vorhabens überzeugen könnt („Win-win"-Aspekte für beide Seiten)
- mit einem gepflegten Äußeren erscheint
- professionell und höflich auftretet (d. h. pünktlich seid,

aus der Rolle eines Projektleitenden argumentiert, gut
zuhört, Zeit gebt, verbindlich agiert)
* den richtigen „Ton" der Ansprache trefft (Handelt es sich
um Freunde, Bekannte oder aber um Personen, die
(gesellschaftlich) einen bestimmten Status genießen,
einen Titel haben etc.?)

Schließlich solltet ihr unbedingt authentisch auftreten und eure
ganz persönliche Motivation für das Projekt im richtigen Moment
aufzeigen. Eine persönliche Note (z. B. euer ganz persönlicher Weg
zu diesem Projekt) lässt euch und euer Projekt in Erinnerung bleiben und bietet dem Gegenüber Identifikationsmöglichkeiten. Wichtig ist außerdem, dass ihr für den Verlauf des Gespräches ein gutes
Gespür habt und das richtige Maß findet, wenn es um Vorschläge,
Forderungen, Erwägungen, Alternativen, Small Talk etc. geht.

Vergesst nicht am Ende des Gesprächs zu klären, wie ihr ver-
bleiben wollt. So kann beispielsweise geklärt werden, bis wann
man eine Zusage (zur Kooperation) erwartet, welche Dinge von
wem bis zu einem bestimmten Zeitpunkt erbracht werden können,
wie man sich die Zusammenarbeit vorstellt etc.

→ *Nach der ersten Kontaktaufnahme*

Im Anschluss an das Treffen empfiehlt es sich, die wesentlichen
Inhalte und Verbindlichkeiten in Form eines Kurzprotokolls zu verschriftlichen. Dieses kann dann mit einem netten Gruß und der
Möglichkeit um Korrektur und Rückfragen an die Adressaten ge-
sendet werden. Dieser Schritt kann sich im Verlauf des Projekts
besonders auszahlen: Zum einen schafft ihr hierdurch eine schriftliche Grundlage und damit Verbindlichkeit, auf die ihr euch später
berufen könnt. Zum anderen gebt ihr eurem Gegenüber die Möglichkeit, Rückfragen zu stellen oder auch zu korrigieren und leistet
von Beginn an eine klare, vertrauensvolle und transparente Basis
für die Zusammenarbeit.

Wie kann ich Kooperationen nachhaltig gestalten?

Für eine gute, vertrauensvolle und nachhaltige Kooperation ist es besonders wichtig, auf eine transparente, ehrliche und wertschätzende Kommunikation miteinander zu achten. Hierzu gehört unbedingt, dass genug Zeit eingeräumt wird, um die Ziele klar und verständlich zu kommunizieren und miteinander abzugleichen, damit es nicht zu Missverständnissen und Irritationen kommt.

Wenn zwei Partner*innen aus zwei grundlegend verschiedenen Systemen kommen, ist es unumgänglich bei der Zielformulierung beide Seiten einzubeziehen und dies nicht über „den Kopf hinweg" zu tun, sondern auch dem Gegenüber sorgfältig zuzuhören und dessen (ggf. abweichende) Zielperspektive ernst zu nehmen.

Der folgende Ausschnitt zeigt, wie die Projektleiterinnen von „KulTour" ihr Programm in enger Abstimmung mit den einzelnen Institutionen entwerfen und die Perspektive der anderen Seite in die eigene Planung jeweils vorausschauend und sensibel einbeziehen. Eine besondere Herausforderung besteht für sie darin, trotz der vielen Fragezeichen (keine Terminzusagen der Veranstalter*innen) ein buntes und ansprechendes Programm zusammenzustellen. Dieser Herausforderung wird folgendermaßen begegnet: Zunächst werden die Termine mit den großen Veranstalter*innen, die in der Regel weit im Voraus planen, festgelegt. Dann werden weitere sukzessive hinzugezogen, bis schließlich die letzten Lücken in der Planung zwei Wochen vor dem ersten KulTour-Wochenende gefüllt werden. Hierfür greifen die Projektleiterinnen vor allem auf kurzfristige Ankündigungen aus den sozialen Medien zurück. Das bewusste Einbringen eigener Kontakte in die Kontaktaufnahme mit den Veranstalter*innen zieht sich als roter Faden durch diesen Teil der Programmplanung.

„Die Planung gestaltete sich anfangs allerdings noch etwas schwierig, da wir zwar frühzeitig beginnen wollten, jedoch bei den Veranstaltern noch kaum Termine standen oder zumindest noch nicht

öffentlich kommuniziert wurden – vor allem durch die zu diesem Zeitpunkt anstehende Sommerpause, die ja zumindest die großen Kulturhäuser in Wuppertal betrifft. Einige der Termine haben sich im Endeffekt erst eine oder zwei Wochen vor dem jeweiligen Wochenende ergeben, da vor allem kleinere Formate zumeist spontan geplant und beworben werden. Wir fingen also dort an, wo zuerst geplant wird: bei den Wuppertaler Bühnen. Hier war es von Vorteil, dass ich bereits einige Ansprechpartner kannte, allen voran Julian Grüter, der für die Pressearbeit des Schauspiels zuständig ist. Er leitete unsere Anfrage intern an die richtigen Stellen weiter und sagte uns kurz darauf die Teilnahme aller drei Sparten (Schauspiel, Oper und Sinfonieorchester) der Wuppertaler Bühnen zu. Damit hatten wir den ersten namhaften Partner an Bord, den wir bereits in unserem Finanzierungsantrag nennen konnten. Der Eintritt sollte aus dem Kontingent der Bühnenflatrate für Studierende gestellt werden und war damit ohne weitere Verhandlungen für uns kostenfrei. Wir suchten uns Vorstellungen von Oper und Schauspiel für das zweite Wochenende heraus und ein Konzert des Sinfonieorchesters für das erste. Herr Grüter bot zusätzlich an, Werkeinführungen für uns zu arrangieren, was wir dankend annahmen. Wir wollten jedoch gern auch ein privates Theater ins Programm aufnehmen. Aufgrund der zentralen Lage und eines Kontakts von Rebekka entschieden wir uns für das TalTon Theater. David Meister bot uns eine weitere Vergünstigung des ermäßigten Eintrittspreises von 13 bzw. 15 € auf 10 € pro Person an. Wir nahmen an und entschieden uns aus zeitlichen Gründen und aufgrund der guten Kritiken für eine Vorstellung von Arthur Millers „Hexenjagd". Die Karten wurden hier nicht wie bei den Wuppertaler Bühnen reserviert, sondern bereits im Vorfeld verbindlich gekauft – aufgrund der geringen räumlichen Kapazitäten eine Voraussetzung des TalTon Theaters.

Als Nächstes fragten wir das Von der Heydt-Museum an, mit dessen Pressesprecherin Marion Meyer ich ebenfalls schon durch meine Tätigkeiten für Auf der Höhe und die WZ Kontakt hatte. Nach *nur einer Mail machte Frau Meyer uns nach interner Absprache das Angebot, der gesamten Gruppe den Eintrittspreis zu erlassen und lediglich eine vergünstigte Pauschale von 60 Euro für eine einstündige Führung zu zahlen – was wir begeistert annahmen.*

Neben dem etablierten Von der Heydt-Museum sollte auch eine kleine Galerie auf dem Programm stehen. Dass unsere Wahl hierbei auf die Galerie Droste fiel, ergab sich spontan daraus, dass ich für die WZ einen Artikel über die aktuelle Ausstellung California Love geschrieben habe. Bei meinem Besuch war ich sofort angetan von der lockeren Atmosphäre und dem niederschwelligen Zugang, den Katharina Galladé zu den ebenso beeindruckenden wie unkonventionellen Kunstwerken bot. Ich erzählte ihr von unserem Projekt und sie erteilte mir direkt eine Zusage für eine kostenfreie Führung, woraufhin wir wenig später einen Termin für das erste Projektwochenende vereinbarten.

Auch beim Skulpturenpark hatten wir Glück: Birte Fritsch, eine ehemalige Kommilitonin von mir, gibt dort Führungen und bot an, die Anfrage direkt persönlich weiterzugeben und uns mit der Zustimmung von Petra Lückerath eine kostenlose Führung zu geben. Hierbei zeigte sich auch der Nachteil persönlicher Kontaktpersonen, da wir abgesehen von zwei kurzen Telefonaten kaum direkten Kontakt zur Leitung des Skulpturenparks hatten, was ich etwas schade fand. Allerdings hatten wir es so mit Sicherheit leichter, an ein gutes Angebot zu kommen: Frau Lückerath erließ uns den Eintritt, somit hatten wir eine kostenfreie Station mehr auf dem Programm, zumal eine, bei der wir nicht unbedingt damit gerechnet hatten. Auch eine Lesung sollte auf dem Programm stehen. Ich hatte zunächst den Glücksbuchladen im Kopf, der allerdings sehr wenig Platz bietet und den wir mit unserer damals noch größer geplanten Gruppe quasi komplett gefüllt hätten. Ähnliches galt für die Veranstaltungen in der Buchhandlung von Mackensen, deren Kapazitäten immer schnell ausgeschöpft sind. Schließlich nahm Rebekka Kontakt zu neolith auf – der Zeitschrift für Neue Literatur der Bergischen Universität – deren neue Ausgabe grob in unseren Projektzeitraum fallen sollte. Nach einiger Zeit bekamen wir die Zusage von Matthias Rürup, dass die traditionelle Release-Lesung tatsächlich an unserem zweiten Projektwochenende im Café Swane stattfinden würde, womit wir zu unserer Freude auch den literarischen Teil abgedeckt hatten.

Die verbleibenden Lücken im Programm füllten wir kurzfristig mit Veranstaltungen, auf die wir während unserer Recherche über Facebook gestolpert waren: Eine Performance der Gesellschaft für Neue Musik im Neuen Kunstverein, für die uns Daniel Verasson auf unsere Anfrage hin gleich zusicherte, dass er vor Ort für Fragen zur Verfügung stehen würde. Für unser zweites Wochenende entschieden wir uns kurzfristig für den Besuch des ehemaligen Ulle Hees-Atelierhauses, das traditionell einmal im Jahr die Türen für Interessierte öffnet. [...]"

(Julia Wessel: „KulTour")

Es kann jedoch durchaus auch passieren, dass sich im Verlauf eines Projekts herausstellt, dass die Kooperation mit eine*r zunächst positiv erscheinenden Wunschpartner*in nicht so gut funktioniert oder dass sich negative Gefühle einstellen. Hier gilt es zunächst selbstkritisch zu prüfen, wo genau das Problem liegen könnte:

- Handelt es sich um ein lösbares Problem, das vielleicht nur auf einem Missverständnis aufgebaut ist?
- Fehlt es insgesamt an Vertrauen?
- Hat man ein ungutes Gefühl und/oder stimmt die Chemie einfach nicht?

In jedem Fall solltet ihr dem Gegenüber die Möglichkeit eines Gesprächs anbieten, in welchem eventuelle Kritikpunkte offen angesprochen und im Idealfall geklärt werden können. Je nach Ausgang kann es sich auch als sinnvoll erweisen, die Kooperationspartner*innen noch einmal zu wechseln (vor allem, wenn es um langfristige Projekte geht).

Der folgende Ausschnitt aus dem Projekt „Die tapfere Teodora" zeigt, wie wichtig es ist, in der Kommunikation mit Institutionen wie z.B. Schule klare Vereinbarungen nicht nur mündlich zu treffen, sondern auch zu verschriftlichen, um eine Grundlage für die einzelnen Abläufe und Ressourcen in den Arbeitsprozessen zu haben:

„[...] Die Kommunikation zwischen unseren Ansprechpartnern der Offenen Ganztagsschule und uns war ebenfalls kompliziert. Zu Beginn des Projektes wurde uns versprochen, dass sie sich um Instrumente kümmern und wir ein Klavier zu Verfügung gestellt bekommen würden. Durch mehrfaches Erinnern wurden jedoch nur lockere Versprechungen gegeben und somit unser Wunsch nicht berücksichtigt."

(Linda Buhl: „Die tapfere Teodora")

2.3 Förder- und Finanzierungsmöglichkeiten

Welche Form von Förderung ihr benötigt, hängt von verschiedenen Faktoren ab, wie z.B. der Größe und Dauer eures Projekts sowie seines Kontexts und der jeweiligen Zielgruppe. Die folgenden Abschnitte sollen euch dabei helfen, eine für euch passende Finanzierungsart zu finden.

Welche Möglichkeiten der Förderung und Finanzierung gibt es?
In der Regel erzeugt ein Projekt bestimmte Kosten (z.B. für Personal, Räumlichkeiten, Sachmittel, Werbung etc.). Um diese Kosten zu decken, gibt es verschiedene Möglichkeiten. So kann man finanzielle Unterstützung auf vielen Wegen beantragen: z.B. durch private Förderer (z.B. Firmen und Unternehmen) oder aber durch öffentliche Ausschreibungen und/oder Programme (von der Be-

zirksebene bis hin zu landes- oder auch europa- und weltweiten Ausschreibungen). Im Gegensatz zu öffentlichen Zuwendungen, die man in der Regel nur als Institution oder über einen Verein/ Verband erhalten kann, ist es auch als Privatperson möglich, Fördergelder zu beantragen. Im folgenden Überblick findet ihr diverse Möglichkeiten der Finanzierung aufgeführt:

Eigenerlöse	
	z. B. durch Eintritt bei Konzerten oder bei Vereinen durch Mitgliedsbeiträge
Öffentliche Zuwendungen	
	z. B. durch eine Förderung des Landesmusikrats
Weitere Finanzierungsarten	
Spenden	Zuwendungen von Institutionen, Mäzenen, Stiftungen oder kirchlichen Trägern, die an einen Zweck, aber im Gegensatz zu Sponsoring nicht an eine Gegenleistung gebunden sind Bei Stiftungen ist insbesondere zwischen privaten und öffentlichen Stiftungen zu unterscheiden.
Sponsoring	Unterstützung von Einrichtungen, Projekten oder Personen durch Finanz- oder Sachmittel eines Unternehmens, wobei hier vom Begünstigten eine Gegenleistung (zumeist in kommunikativer Form) erwartet wird
Fundraising	systematisches Beschaffen von Spenden, das eher langfristig angelegt ist

Wie und wo kann ich mich über Fördermöglichkeiten informieren?
Unter den vielen Möglichkeiten, sich in Bezug auf Förderungen
weiterzubilden, haben wir im Folgenden einige aufgelistet und erläutert, die vor allem am Anfang einer Suche sehr nützlich sein
können. Die Liste ist jedoch nicht vollständig, sondern stellt einen
Ausschnitt dar, der uns in unserer Arbeit im KulturCampus sinnvoll und hilfreich erschien.

Fördertopfbroschüre (Hrsg. v. Netzwerk Selbsthilfe e.V., 14. Aufl., 2020)	praxisorientiertes Nachschlagewerk und Wegweiser durch den Förder–dschungel mehr als 430 regionale, bundesweite und internationale Stiftungen und Förderquellen werden porträtiert umfassendes Schlagwortregister erleichtert Suche nach passenden Geldgeber*innen für alle politischen, gesellschaftlichen und sozialen Projekte www.netzwerk-selbsthilfe.de
Bundesverband Deutscher Stiftungen	Stiftungen (Übersicht und Suche) www.stiftungen.org/verband/was-wir-tun/publikationen/newsletter-stiftungsnews.html
Blog Fördermittel	Fördermittelblog für gemeinnützige Organisationen www.blog-foerdermittel.de

Auswahl von interessanten Förderprogrammen	
Bundesebene	„Kultur macht stark" www.buendnisse-fuer-bildung.de Aktion Mensch https://www.aktion-mensch.de Fonds Soziokultur http://fonds-soziokultur.de Stiftungen (s.o.)
Landesebene	create music NRW www.create-music.info „Kultur und Schule" www.kulturundschule.de Landesmusikrat NRW www.lmr-nrw.de Stiftungen (s.o.)
Kommunale Ebene (am Beispiel der Stadt Wuppertal)	Kulturämter u. -Büros der Städte u. Gemeinden (Vermittlung), Beispiel Wuppertal: www.wuppertal.de/microsite/kulturbuero Bezirksvertretungen in den Kommunen, Beispiel Wuppertal: www.wuppertal.de (Sucheingabe: Bezirksvertretungen) Lokale Fonds und „Mitmachprojekte", Beispiel Wuppertal, Mirker Quartiersfonds: www.quartier-mirke.de/quartiersfonds/wir-foerdern-mitmachprojekte Geldinstitute, Beispiel SSK Wuppertal: www.sparkasse-wuppertal.de/de/home/ihre-sparkasse/sponsoring-und-spenden.html?n=true&stref=hnav „Bergischer Kulturfonds" www.wuppertal.de/microsite/kulturbuero/foerderung/content/bergischer-kulturfonds.php

Magazine/Newsletter zu Förderungen (Beispiele)	LVR (Landschaftsverband Rheinland) www.lvr.de/de/nav_main/kultur/ber-dasdezernat_1/kulturnewsletter/kultur-newsletter_1.jsp BKJ (Bundesvereinigung Kulturelle Kinder- und Jugendbildung e. V.) www.bkj.de/newsletter Landesmusikrat NRW www.lmr-nrw.de/publikationen/news-letter-lmr-nrw infodienst (Magazin der LKD – Landes-arbeitsgemeinschaft Kulturpädagogi-sche Dienste/Jugendkunstschulen NRW e.V. www.lkd-nrw.de/lkd/infodienst.html Kulturpolitische Mitteilungen (Magazin der Kulturpolitischen Gesellschaft www.kupoge.de städtische Kulturbüros, Beispiel Wuppertal: www.wuppertal.de/microsite/kulturbu-ero/kommunikation/content/newsletter.php

Wie erhalte ich eine Förderung?

Je nach Art und Umfang eurer benötigten Förderung gibt es unterschiedliche Wege eine Förderung zu beziehen. Diese sind wiederum unterschiedlich einfach oder komplex. So ist eine lokal arbeitende Stiftung in eurer Stadt für euch unter Umständen leichter zu erreichen als eine bundesweit aktive Organisation wie z. B. „Aktion Mensch". In der Regel lässt sich sagen, dass mit steigender Fördersumme auch die Modalitäten der Antragstellung an Komplexität und Aufwand zunehmen. Konkret bedeutet das: Für eine Förderung durch eine lokale Stiftung in Höhe von 500 Euro kann es ausreichen, eure Projektidee nur kurz zu skizzieren. Eine fünfstellige Fördersumme bei einem großen Fördergeber setzt dementsprechend eine detailliertere Vorarbeit von euch voraus. Unsere Erfahrung zeigt, dass große Förderprogramme für Neulinge in diesem Bereich aufgrund ihrer Komplexität auch abschreckend wirken können. Hier kann es sinnvoll sein, zunächst ein telefonisches Vorgespräch mit den jeweiligen Kontaktpersonen zu führen, um zu erfahren, inwieweit sich das Programm für euch eignet. Weiterhin stellt sich bei großen Förderern die Frage, wie eure Projektidee aus der Masse herausstechen kann. Auch hier kann ein direkter Kontakt zum Förderer hilfreich sein, um eure Beweggründe und Leidenschaft für das Projekt greifbarer zu machen. Ihr hinterlasst sozusagen eine persönliche „Visitenkarte", an die sich die Förderer später erinnern.

Wenn ihr noch keine Erfahrung im Einwerben von Fördermitteln habt, bietet es sich eher an zunächst im näheren Umkreis nach potenziellen Förderern zu suchen. Ein funktionierendes Netzwerk und direkte Kontakte z. B. zu Personen und Institutionen des kulturellen Lebens können sich hier als wahre Türöffner erweisen (siehe hierzu z. B. die Suche nach Kulturinstitutionen im Projekt „KulTour").

Generell solltet ihr ganz im Sinne eurer Ideen hartnäckig bleiben, denn sobald eines eurer ersten Projekte „läuft", bekommen die Fördergeber der Region dies auch mit. Denn das Netzwerken funktioniert in diesem Zusammenhang in alle Richtungen: Wir wissen, dass sich Fördergeber untereinander auch über die vielfältige Zusammenarbeit mit Projektleiter*innen austauschen. Ein gut organisiertes, durchgeführtes und abgeschlossenes Projekt ist somit nicht selten der Türöffner für ein weiteres.

Wenn man sich langfristig für kulturelle Projektarbeit interessiert, bietet sich auch die Mitarbeit und/oder Gründung eines eigenen Vereins an, denn so erweitern sich die Möglichkeiten, eine Förderung zu erhalten: Einige Förderprogramme sind zum Beispiel darauf zugeschnitten, dass lediglich gemeinnützige Antragsteller (z. B. Vereine) Fördermittel erhalten können.

3. Ausschreibungen (richtig lesen)

Wenn ihr für euer Projekt Fördermittel benötigt, ist es wichtig, aus der Vielfalt von diesbezüglichen Ausschreibungen und potentiellen Förderern diejenigen zu finden, die in Bezug auf Ausrichtung, Zielsetzung, Umfang und Inhalten zu eurem Projekt passen. Es ist also von elementarer Bedeutung, euch sehr sorgfältig über die Ziele und Inhalte und vor allem auch über die Richtlinien der Fördermittelgeber zu informieren (z. B. in Bezug auf den Eigenanteil oder den Umfang der Fördersumme) und sich eventuell bereits erfolgte Projekte, die dort finanziert worden sind, genauer anzuschauen.

Wichtig ist auch, dass ihr euch bei allen Ausschreibungen frühzeitig die Einsendefristen notiert und unbedingt einhaltet. Wenn ihr dann Ausschreibungen sichtet, die euch interessant erscheinen, geht systematisch vor. Sucht z. B. zunächst nach wichtigen „Buzzwords", d. h. Schlüsselwörtern, die Inhalte, Ziele und Rahmenbedingungen der Ausschreibung(en) auf den Punkt bringen.

Ein sogenanntes „Buzzword" kann z. B. „Digitalisierung", „ländliche Räume", „außerschulische Projekte" u. a. sein (siehe hierzu auch die Ausschreibung vom Landesmusikrat in Teil C – Kapitel 1.3.).

3.1 Beispiel: „Bergischer Kulturfonds"

Im Folgenden seht ihr die Ausschreibung zum Projekt „KulTour", auf die sich unser Projektteam erfolgreich beworben und die volle Fördersumme bekommen hat. Der sogenannte „Bergische Kulturfonds" richtet sich explizit an junge Nachwuchskünstler*innen aus Wuppertal und Remscheid (unter 40 Jahre). Erwünscht sind innovative Projekte, die einen klaren Bezug zu Wuppertal oder Remscheid aufweisen. Bei der Recherche nach bisher erfolgten Projekten zeigt sich, dass hier vor allem kleinere Projekte mit innovativem Charakter gefördert werden, die Fördersumme liegt zwischen 1.500 € und 3.500 €.

Um euch die sogenannten „Buzzwords", die bei der Lektüre ins Auge springen, zu verdeutlichen, haben wir diese sowie zusätzliche relevante und beachtenswerte Aspekte in Fett- und Kursivschrift hervorgehoben:

Bergischer Kulturfonds (Ausschreibung 2019)

Auch in diesem Jahr wendet sich der Bergische Kulturfonds mit einer *Gesamtfördersumme von 37.000 € an Nachwuchskünstler*innen aus Wuppertal und Remscheid.* Bis zum *18. April* können von freien Kulturschaffenden Förderanträge eingereicht werden für *herausragende Kulturprojekte.* Voraussetzungen: die *Antragsteller sind unter 40 Jahre alt,* ihr Wirkungskreis befindet sich in *Wuppertal oder Remscheid* und die Kulturprojekte werden bis *spätestens Juli 2020* umgesetzt.

Projektanträge können auch von Vereinen oder Projektgruppen gestellt werden, in denen mehrheitlich junge Kulturschaffende aktiv sind. Die Förderanträge sind bis zum 18. April beim Kulturbüro Wuppertal, Verwaltungshaus Elberfeld, Neumarkt 10, 42103 Wuppertal, einzureichen. Der *Förderantrag zum Herunterladen* findet sich auf der Internetseite des Bergischen Kulturfonds. Nicht fristgerecht eingereichte Anträge können leider nicht berücksichtigt werden.
Der Bergische Kulturfonds ist eine Förderplattform der Städte Wuppertal und Remscheid, die sich ausschließlich aus Spendengeldern zusammensetzt. Beide Städte werben alljährlich Spenden ein, um im Rahmen einer Ausschreibung *innovative Projekte junger Künstler*innen* zu unterstützen. Eine unabhängige Jury entscheidet über alle fristgerecht eingereichten Anträge.

https://www.wuppertal.de/microsite/kulturbuero/foerderung/
content/bergischer-kulturfonds.php

3.2 Eure Pflichten als Geförderte

Die Wahl des Förderers entscheidet auch darüber, welche Leistungen noch zu erbringen sind. Hier gilt es insbesondere zu unterscheiden zwischen erstens der Sichtbarmachung des Förderers, zweitens der Dokumentation der Ausgaben und des Projekts (Projektbericht, Zuwendungsbescheid, Verwendungsnachweis etc.) und drittens einem möglichen geforderten Eigenanteil. Da also unterschiedliche Arten der Förderung unterschiedlich viel Aufwand verursachen, ist es wichtig, diese Leistungen, die von euch erbracht werden müssen, bei der Auswahl eines potentiellen Förderers zu berücksichtigen.

Im Folgenden sind einige der Leistungen aufgelistet, die even-

tuell zu erbringen sind (die Liste ist jedoch nicht vollständig und
erspart euch nicht, den Einzelfall stets genau zu prüfen):

Sichtbarmachung des Förderers
- z. B. durch Kenntlichmachung des Logos
- z. B. durch Aufstellen eines Banners
- z. B. durch namentliches Aufführen

Dokumentation des Projekts
- z. B. in Form eines Abschlussberichts der Ausgaben
- z. B. in Form eines Verwendungsnachweises
- z. B. in Form eines finanziellen Anteils der Gesamtsumme, durch ehrenamtliche Tätigkeit, durch Bereitstellung von Sachmitteln, Räumlichkeiten etc.

Die Aufstellung der Ausgaben (inkl. Recherche für die einzelnen
Posten) kann viel Zeit in Anspruch nehmen, die man in jedem Fall
bei seiner Berechnung im Blick haben sollte. Konkret empfehlen
wir, in eure Kostenkalkulation die hierfür anfallenden Arbeitsstunden bereits von vornherein zu integrieren. Denn diese Arbeit ist
Teil eures Projekts. Unsere Erfahrung zeigt, dass dieser Part leider
viel zu oft vernachlässigt oder gar vergessen wird, da er als selbst-
verständliche Investition angesehen wird.

KONKRET WERDEN

4. Von der Chronologie des Projekts zum konkreten Plan

Ein zentraler Bestandteil der Projektentwicklung ist die Strukturierung des Projekts in realistische Teilziele und Teilaufgaben. Diese sollten für alle Beteiligten in klarer und verständlicher Form vorliegen.

Konkret bedeutet dies, dass ihr eine Vorstellung über die Dimension eurer Projektidee und der damit verbundenen Aufgaben entwickeln und hieraus konkrete „Arbeitsschritte" und überschaubare „Arbeitspakete" schnüren und festlegen solltet. Hierzu bietet sich eine Fülle von Strategien an wie z.B. zunächst das Sammeln aller einzelnen anfallenden Aufgaben. Diese können dann in eine logische Abfolge von Schritten gebracht werden, die für die Weiterentwicklung der Projektidee entscheidend sind. Das Sammeln und Sich-Vergegenwärtigen dieser Schritte zeigt auf, ob das Projekt so überhaupt umsetzbar ist, ob es einer Reduktion in seiner Dimensionierung bedarf oder ob eine Veränderung in spezifischen Aspekten notwendig ist. Darüber hinaus zwingt eine Aufstellung zu einer Priorisierung und Strukturierung der zu erledigenden Aufgaben. Entsprechend der Projekt-Vielfalt können solche „Chronologien" völlig unterschiedlich aussehen. So können sie z. B. eher in einem Fragemodus formuliert sein oder aber stichpunktartig die zu klärenden Aspekte auflisten. Sinnvoll ist es auch, sich eine Systematik anzulegen in Bezug auf den jeweiligen Stand/Status der einzelnen Schritte.

Aus diesen ordnenden Gedanken kann schließlich sukzessive ein eigener sogenannter „Projektstrukturplan" entstehen. Je nach Größe und Umfang des Projekts (vor allem hinsichtlich der involvierten Personen) dient dieser vor allem dazu, die Aufgabenpakete und Zuständigkeiten verständlich darzustellen und zu kommunizieren (siehe hierzu insbesondere die Grundregeln nach Klein 2010, S. 97 ff.):

- Vom Groben ins Detail
- Arbeitspakete an das Ende der Verästelungen
- Klare Zuordnungen und Benennungen der Arbeitspakete
- Keine Zuordnung der zeitlichen und finanziellen Dimension
- Keine Verknüpfung der Arbeitspakete vorschnell vornehmen

5. Arbeitspakete schnüren

5.1 Beispiel Werbemaßnahmen

Wenn ihr mit eurem Projekt eine mehr oder weniger breite Öffentlichkeit oder einen bestimmten Personenkreis ansprechen wollt, ist es wichtig, auch eventuell notwendige Werbemaßnahmen in die Kostenkalkulation einzubeziehen.

So auch in dem Projekt „KulTour", das sich an Studierende der Bergischen Universität richtet: Um die Zielgruppe der Studierenden zu erreichen, entscheidet sich das Projektteam für folgende Werbemaßnahmen: 1. Entwurf eines Logos mit der Wuppertaler Schwebebahn und dadurch Verbindung zur Stadtkultur, 2. Entwurf von Postkarten und Werbefotos mit dem Logo, 3. Soziale Medien (facebook), 4. Printmedien (z. B. Tageszeitung, Uni-Zeitung) sowie 5. einen Infotag.

„Da unser erstes Wochenende bereits kurz nach Beginn des Wintersemesters stattfinden sollte, entschieden wir uns dafür, unsere Werbung hauptsächlich auf das Internet und die Erstsemesterwoche zu konzentrieren. Da mein Bruder Industrial Design studiert,

bat ich ihn darum, für uns ein Logo zu entwerfen. Nach kurzer Zeit war unsere „KulTour-Schwebi", die auf dem Titelblatt zu sehen ist, geboren. Mit der Schwebi im Gepäck machten wir uns auf, Werbefotos in der Stadt zu schießen. Hiermit richteten wir dann eine Facebook-Seite ein und erstellten Veranstaltungen für die beiden Wochenenden. Nach und nach stellten zuerst wir uns auf der Seite vor, irgendwann dann auch unsere Veranstalter, die wir bereits im Boot hatten, um unsere Reichweite zu maximieren. Auch schrieben wir verschiedene Facebook-Seiten an, unter anderem die der Uni, und baten darum, doch unser Projekt zu bewerben. Im Laufe der Planungsphase schalteten wir außerdem eine Werbeanzeige. Des Weiteren veranstalteten wir Ende September eine Infoveranstaltung für unser Projekt, die wir ebenfalls über Facebook bewarben. Trotz einiger Interessenten dort nahmen nur wenige an dem Treffen teil. Erfolgversprechender schien uns die journalistische Werbung. Die Uni-Zeitung „blickfeld" berichtete über unser geplantes Projekt, sowie auch die WZ, die eine kurze Ankündigung und nach dem ersten Wochenende ebenso einen ausführlicheren Bericht herausbrachte.

Neben einiger mündlicher Werbung in unserem eigenen Bekanntenkreis druckten wir auch Postkarten in zwei Versionen, die wir jedem Interessierten in die Hand drückten und überall in der Uni verteilten. Des Weiteren packten wir die Postkarten auch in die Taschen vom AstA, die in der Einführungswoche an Erstsemester verteilt wurden. Da wir kurz vor Anmeldeschluss noch einige freie Plätze hatten, beschlossen wir, kurzfristig Plakate zu drucken, um sie ebenfalls noch in der Uni zu verteilen."

(Rebekka Herrig: „KulTour")

6. Weiterentwicklung – der Wert von Feedback und Flexibilität

Während der Projektentwicklung durchläuft eine ursprüngliche Projektidee in der Regel viele „Schlaufen" und „Veränderungen". Hierbei kommt neben der eigenen Arbeit am Konzept vor allem auch dem konstruktiven Feedback von außen eine besondere Bedeutung zu. Auch oder gerade wenn ihr am Anfang relativ schnell eine Idee habt, die euch sehr klar und einleuchtend erscheint, empfiehlt es sich, unbedingt noch eine zweite oder mehrere Meinungen und Feedback einzuholen, um zu vermeiden, dass man wichtige Punkte übersehen hat. So können durch gezielte kritische Rückfragen in Bezug auf die Konzeption des eigenen Projekts oft Schwachstellen oder Leerstellen identifiziert werden, die man selbst auf Anhieb nicht erkannt hat. Andere Perspektiven (von Außenstehenden) können das Projekt auf neue Weise beleuchten und dabei helfen, eventuelle „Stolpersteine" zu entlarven, die man selbst vor lauter Euphorie für sein Projekt nicht sieht, und die einem spätestens bei der Umsetzung des Projekts zum Verhängnis werden können. Wie wertvoll diese Feedback-Schleifen für die Teilnehmer*innen im KulturCampus waren, zeigt sich auch in der folgenden Beobachtung:

„Durch die Gespräche im Plenum der Seminarsitzungen bin ich auf ‚vermeintliche und echte Barrieren' gestoßen. Was ist, wenn die Location nicht genug Fluchtwege bietet, wo kommt der Strom her, muss ich eigenes Licht organisieren? Brauche ich eine Veranstalter-Haftpflichtversicherung?"

(Charlotte Jeschke: „TalTour")

Auch das Projekt „KulTour" durchläuft einige „Veränderungs-Schleifen" in seiner Weiterentwicklung. Zum einen ändert sich das ursprüngliche Zeitformat, zum anderen die genaue Definition der Zielgruppe der Studierenden.

„Die ursprüngliche Idee wurde im Lauf der Zeit stetig weiterentwickelt: Zunächst planten wir eine Tour an vier zusammenhängenden Tagen, von Donnerstag bis Sonntag, entschieden uns aber schließlich dagegen; zum einen, weil viele Studierende unter der Woche arbeiten oder Vorlesungen bis in die Abendstunden besuchen, zum anderen, weil das Programm für die Teilnehmenden eine Menge Input auf einmal gewesen wäre. Stattdessen entschieden wir uns für zwei verlängerte Wochenenden (jeweils Freitag bis Sonntag), wobei die Teilnehmenden an beiden Terminen dabei sein sollten, um einen möglichst umfangreichen Einblick zu erhalten. Unsere Überlegung bestätigte sich rückblickend, da die Gruppe bereits nach je zweieinhalb Tagen eine enorme Menge an Eindrücken zu verarbeiten hatte. Wir waren lange Zeit unsicher, ob wir alle Programmpunkte verpflichtend machen sollten oder ob die Teilnehmenden sich für einzelne Stationen anmelden könnten. Das erschien uns aber planungstechnisch schwierig, da wir bei vielen Veranstaltern vorher Teilnehmerzahlen angeben mussten, und weil wir Sorge hatten, dass dann einige Veranstaltungen übermäßig gut besucht wären, während wir bei anderen mit nur zwei Teilnehmerinnen oder Teilnehmern säßen. Außerdem war es ja Teil der Idee, eine feste Gruppe zu bilden. Darüber hinaus beschlossen wir zu einem späteren Zeitpunkt, die KulTour nicht wie zunächst kommuniziert ausschließlich für geisteswissenschaftliche Studiengänge anzubieten, sondern die Anmeldung für alle Fachrichtungen der Uni zu öffnen, was zum einen eine vielfältigere Gruppe versprach, zum anderen aber auch mit der Problematik, genügend Teilnehmende zu finden, zu tun hatte.“

(Julia Wessel: „KulTour“)

7. Von der Projektskizze bis zum Projektantrag

Je nachdem, bei welchem Förderer ihr euch bewerbt, kann euer Projektantrag eher freier gestaltet oder aber nach bestimmten Formatvorgaben verfasst sein. Weiterhin müsst ihr genau prüfen, wie ihr den Antrag einreichen sollt (z. B. in mehrfacher Ausfertigung, in Papierform oder online). Neben Förderern, die keine Vorgaben machen, setzen vor allem größere Fördermittelgeber (z. B. „Kultur macht stark") klar vordefinierte Online-Antrags-Verfahren ein, die oft sehr komplex und zeitintensiv in der Bearbeitung sind. Egal für welchen Weg ihr euch entscheidet – ihr solltet unbedingt genug Zeit für die Antragserstellung einplanen und euch vorher diesbezüglich beraten lassen. Folgende übergeordnete Kriterien sollte euer Projektantrag erfüllen:

- Es sollte deutlich werden, worin genau das Alleinstellungsmerkmal eures Projekts besteht.
- Der Antrag sollte fehlerfrei und verständlich formuliert sein und ein ansprechendes Design haben.
- Je klarer und gezielter der Antrag formuliert ist und die Förderkriterien berücksichtigt, desto größer ist die Chance auf Bewilligung.

Wenn es seitens des Förderers keine Formatvorgaben gibt, sollte euer Antrag (in der Regel) drei Bestandteile aufweisen:
- ein Anschreiben
- einen Projektantrag mit Kostenplan
- (evtl.) Anlagen.

Im Folgenden werden wir euch anhand des Projekts „KulTour" exemplarisch zeigen, wie diese einzelnen Bestandteile zum Beispiel aussehen können.

7.1 Anschreiben

Versucht die Länge eures Anschreibens auf maximal eine DIN-A4-Seite zu begrenzen. Vergesst nicht, einen Bezug zu den Zielen und Inhalten der Förderer herzustellen, damit für sie klar wird, warum sie euch fördern sollen.

Im Anschreiben von „KulTour" an den Förderer (Kulturbüro der Stadt Wuppertal) werden der sich abzeichnende Bedarf sowie die Ziele des Projekts klar benannt und der für den Förderer zentrale Bezug zur Stadt hergestellt.

Anschreiben: Projekt „KulTour"

Informationen und Kontaktdaten der Antragstellerinnen (Name, Adr., Tel., E-Mail)

Sehr geehrte Damen und Herren,
Wuppertal hat sich im Laufe der letzten Jahre zur beliebten Studentenstadt entwickelt – nicht zuletzt aufgrund ihrer lebendigen Kulturlandschaft. Unser Eindruck aus dem direkten Umkreis unserer Kommilitoninnen und Kommilitonen ist allerdings, dass das kulturelle Angebot von den Studierenden der Bergischen Universität nicht regelmäßig genutzt wird, obwohl ein grundsätzliches Interesse besteht und zahlreiche Veranstalter studentische Rabatte anbieten. Das hat verschiedene Gründe: Die Studierenden wissen gar nicht um das Angebot oder ihnen fehlen Gleichgesinnte zur Begleitung. Diesen Barrieren wollen wir entgegenwirken!

KulTour – Eine kulturelle Stadtführung für Studierende der BUW
Das Angebot an Schnitzeljagden und Kneipentouren für Erstsemester ist nahezu unüberschaubar. Was jedoch fehlt,

ist eine Einführung der Studierenden in die Wuppertaler Kulturszene. An einem verlängerten Wochenende zu Beginn des Wintersemesters (25.-28.10.2018) wollen wir gemeinsam mit interessierten Studierenden im Rahmen einer Art kulturellen Stadtführung ausgewählte Veranstaltungen von Hochkultur bis Kleinkunst besuchen. Um den Teilnehmerinnen und Teilnehmern einen Überblick über die Wuppertaler Kulturlandschaft zu verschaffen, werden wir ihnen zudem im Vorfeld zusammengestelltes Informationsmaterial zur Verfügung stellen. Das Angebot richtet sich an Studierende aller Semester der Fachbereiche Geistes- und Kulturwissenschaften und Kunst und Design der BUW.

7.2 Projektantrag mit Kostenplan

Deckblatt

Das Deckblatt Eures Antrags sollte idealerweise den Titel des Projekts und die Bezeichnung „Projektantrag", den Namen der Antragsteller*in sowie ggf. auch den Projektzeitraum beinhalten. Insbesondere für die Titelfindung solltet ihr euch genug Zeit nehmen, denn ein gut gewählter Titel vermittelt den ersten und hoffentlich auch bleibenden Eindruck von eurem Projekt. Daher sollte er besonders anschaulich, bildhaft und einprägsam sowie möglichst auch nicht zu lang sein.

Projektantrag

In den Projektantrag gehören zunächst folgende Informationen zur Projektleitung und allen am Projekt beteiligten Personen/Institutionen.

- Name der Projektleitung/Ansprechpartner*in des Projekts
- Erreichbarkeit: Adresse, Telefon, Fax, E-Mail, Internetadresse

- Weitere Kooperationspartner (z. B. Verein, Institution) und Angaben zu deren Tätigkeit (bei Vereinen z. B. Satzung, Broschüre, Flyer etc.) sowie etwaige Kooperationsvereinbarungen (z. B. in Bezug auf die je zu erbringenden Leistungen/Aufgaben)
- Hinweis auf etwaige weitere Fördermittel bei anderen Förderern (beantragt oder in Planung)

Kurze Projektbeschreibung

Außerdem stellt ihr hier euer Projekt vor, indem ihr neben Titel, Inhalten und Zielen auch dessen Besonderheit/Alleinstellungsmerkmal hervorhebt. Ferner könnt ihr auch eure persönliche Motivation für das Projekt hier einbringen.

Im Antrag für die „KulTour" skizzieren die Projektleiterinnen zunächst ihre Ziele und persönliche Motivation für das Projekt. Als begeisterte Nutzerinnen des kulturellen Angebots der Stadt wollen sie das vielfältige Kulturangebot an die Studierenden herantragen und somit Wuppertal als Studienort attraktiver machen.

Antrag: Projekt „KulTour"
(Ziele und persönliche Motivation)

[...] Ziel des Projekts ist es, kulturinteressierten Studierenden die Möglichkeit zu bieten, das vielfältige Angebot der Wuppertaler Kulturszene kennenzulernen. Anders als bei gewöhnlichen Erstsemesterveranstaltungen sollen die verschiedenen Studiengänge nicht unter sich bleiben, sondern Studierende mit ähnlichen Interessen zusammengebracht werden, um eine stärkere Vernetzung innerhalb der Geisteswissenschaften zu erreichen. Als kulturinteressierte und selbst kulturschaffende Studierende der Musikpädagogik und der Literaturwissenschaften ist es uns ein persönliches Anliegen, die Wuppertaler Kultur an unsere Kommilitonen heranzutragen, die kulturelle

Nachfrage von studentischer Seite zu fördern und den Studienstandort Wuppertal somit langfristig attraktiver zu gestalten.
Wir selbst schätzen das kulturelle Angebot der Stadt sehr, weshalb es uns eine Freude wäre, diese Begeisterung an unsere Kommilitoninnen und Kommilitonen weiterzugeben und damit zum Fortbestehen der Wuppertaler Kulturlandschaft beizutragen. Sie als Förderer unseres Projekts mit an Bord zu haben, würde uns diesem Ziel einen großen Schritt näherbringen. [...]

Detaillierte Projektbeschreibung

Auf die kurze Projektbeschreibung folgt in der Regel eine detaillierte Beschreibung eures Projekts. Hier wird das Projekt in seiner Idee, Struktur und in seinem Ablauf klar und verständlich für den Adressaten beschrieben. Folgende Fragestellungen erweisen sich zumeist als sinnvoll:

- Wie ist die Idee zu dem Projekt entstanden? Was motiviert euch dazu?
- Wer ist die Zielgruppe?
- Wann bzw. über welchen Zeitraum findet das Projekt statt?
- Was sind die Inhalte, Methoden, Mittel und Aktions-/Sozialformen?
- Gibt es Kooperationen mit anderen Vereinen, Trägern, Institutionen und Akteuren?
- Wie werdet ihr den Erfolg des Projekts evaluieren?
- Inwieweit eröffnet das Projekt Möglichkeiten der Weiterführung und Verstetigung?

Die Projektbeschreibung der „KulTour" umfasst in erster Linie eine Beschreibung des Ablaufs der beiden Wochenenden mit den

geplanten Programmpunkten, für deren Durchführung Gelder benötigt werden.

Zeitplan

Hier stellt ihr einen Zeitplan auf, in dem ihr auf alle Phasen eingeht, die für die Planung und Durchführung eures Projekts wichtig sind. Als Beispiel seht ihr hier die ersten Skizzen zur Zeitplanung vom Projektteam „Die tapfere Teodora":

Skizzen zur ersten Zeitplanung: „Die tapfere Teodora"	
Zeitspanne	Durchzuführende Aufgaben
14.02.–22.02.2018	Ein Treffen vereinbaren mit möglichen Förderern
06.03.–12.03.2018	Ein Treffen vereinbaren mit der Schule
12.03.–23.03.2018	Erstes Treffen mit den Schüler*innen
23.03.–22.04.2018	Erarbeitung der Ideen Liedtext schreiben/ Lied komponieren Geschichte schreiben
23.04.–29.06.2018	Eigentliche Projektdurchführung
30.06.2018	Erstellung von Hörspiel und Buch

Kosten- und Finanzierungsplan

Die Erstellung eines überzeugenden Kosten- und Finanzierungsplans ist einer der zentralen Elemente des Projektantrags. In der Regel werden Kosten- und Finanzierungsplan zusammengefügt, dennoch ist es sinnvoll, den Unterschied zwischen beiden zu kennen: Während der Kostenplan alle zu erwartenden Kosten aufführt, werden im Finanzierungsplan alle zu erwartenden Einnahmen aufgelistet. Entscheidend für die Erstellung ist, dass Kosten- und Finanzierungsplan bei der Planung ausgeglichen sind.

Versetzt euch in die Perspektive der Förderer: Wem wollen sie die Fördermittel zur Verfügung stellen? Wahrscheinlich an erster Stelle denjenigen, die einerseits eine innovative und interessante Idee entwickelt haben und die andererseits einen seriös und gut durchdachten, glaubwürdigen Kostenantrag vorlegen. Also geht es im Kosten- und Finanzierungsplan darum, alle Angaben zu den anfallenden Kosten (und evtl. Einnahmen) aufzulisten und aufzuzeigen, wodurch die Kosten verursacht und gedeckt werden – also (möglichst) exakte Zahlenwerte für die einzelnen Kostenpositionen (oder zumindest Richtwerte) zu ermitteln:

- Um welche Kostenarten geht es hier?
- Woher soll das Geld kommen?
- Lassen sich bestimmte Kosten ggf. auslagern?

Ein Kostenplan enthält Angaben zu den einzelnen Kostenarten wie insbesondere:

- Personalkosten (z. B. Honorare)
- Sachkosten/Materialkosten (z. B. Anschaffung/Ausleihe von Instrumenten)
- Büro- und Kommunikationskosten
- Raumkosten
- Werbekosten (z. B. Druckkosten, Öffentlichkeitsarbeit)
- Reisekosten
- (Versicherungen)
- Sonstige Kosten (Geschenke, Bewirtungskosten etc.)

In der Regel werden alle Posten des Kostenplans als Brutto-Beträge angegeben. Die Einnahmen eures Projekts können aus einer Vielzahl unterschiedlicher Quellen bestehen. Neben der beim betreffenden Förderer beantragten Summe können dies zudem Eigenmittel, Eintrittsgelder, Spenden, Sponsoring etc. sein. Dies hängt davon ab, welche weiteren Einnahmequellen ihr für das Projekt vorgesehen habt.

Bei der „KulTour" verteilen sich die Kosten etwa zur Hälfte in Sachkosten (hier: Eintrittsgelder und Werbung) und Personalkosten (Honorar für Projektleitung).

Kostenplan: Projekt „KulTour"

Eintrittsgelder
Gesamt-Eintrittskosten pro Teilnehmer*in: 25 €
20 Teilnehmer*innen + 2 Projektleiterinnen   22 x 25 = 550 €

Werbung
Flyer/Postkarten für „Erstitüten"/Plakate   50 €

Honorar für Projektleitung
10 € / Stunde pro Person
Vorbereitung: ca. 15 Stunden pro Person
Programmauswahl, Design & Produktion Werbemittel,
Kontakt zu Veranstaltern,
Sichten + Beantworten von Anmeldungen   15 x 10 x 2 = 300 €
Durchführung: ca. 20 Stunden
(ca. 5 Stunden pro Tag)

                                                                       20 x 10 x 2 = 400 €

<u>**Gesamtkosten**</u>   1.300 €

Insgesamt ist es sehr wichtig, einen unbedingt realistischen Kosten- und Finanzierungsplan zu erstellen und hierbei auf keinen Fall zu knapp zu kalkulieren. Denn: Eine einmal bewilligte Summe kann später nicht mehr erweitert werden. Außerdem sollte man nie vor geklärter Finanzierung mit dem Projekt starten und daher lieber mehr Zeit für die Bearbeitung des Antrags einplanen (je nach Förderer und deren Fristen für Beschlüsse über Förderanträge ist die Bearbeitungszeit unterschiedlich lang und kann von einem Monat bis zu einem Jahr reichen).

Hingegen kann es passieren, dass sich einzelne Posten im Laufe des Projekts verändern. Eine prozentual geringe Verschiebung der einzelnen Kostenpunkte ist in der Regel nicht ungewöhnlich, sollte dem Förderer aber mitgeteilt werden. Vor allem bei Förderungen der öffentlichen Hand ist dies wichtig.

Bei größeren Projekten mit verschiedenen Geldgeber*innen kann es sich als durchaus vorteilhaft erweisen, bei einzelnen Förderern Gelder für bestimmte Posten innerhalb des Gesamtprojekts zu beantragen. Wenn der Antrag beispielsweise 18.000 Euro vorsieht, können bei einem Förderer 2.000 Euro für die Websitegestaltung und bei einem anderen 5.000 Euro für Personalkosten beantragt werden. So haben die Geldgeber nicht nur eine genaue Vorstellung davon, wofür das Geld eingesetzt wird, sondern sehen auch, dass das Projekt von anderen Förderern als förderungswürdig erachtet wird. Hierdurch erhöhen sich wiederum eure Chancen auf Bewilligung weiterer Förderungen. Generell gilt: Ein Kostenplan, der auf glaubwürdigen Zahlen aufgebaut und in sich stimmig ist, bietet euch eine unbedingt erforderliche Grundlage, auf der ihr eure weitere Planung aufbauen und ggf. noch nachjustieren müsst.

7.3 Anlagen

Dem Projektantrag können weitere Formulare beigelegt werden, die für euer Projekt Relevanz haben. Dies können Presseartikel, Referenzen, Werbematerialien oder ähnliches sein (wenn ihr z. B. mit Vereinen kooperiert, könnte hier auch eine Vereinssatzung beigefügt werden).

8. Wieviel ist meine Arbeit wert?

Diese Frage taucht im Rahmen unseres „KulturCampus"-Seminars immer wieder auf. Und sie wird jedes Mal anders beantwortet. Vor dem Hintergrund der vielfältigen und unterschiedlichen Erfahrungen der einzelnen Teilnehmer*innen reichen die individuellen Antworten von „Ich mache das ja gern, also berechne ich für meine Arbeit nichts" bis „Meinen Stundenlohn gebe ich mit 50€ an". Zum Stundenlohn konkret geben manche Förderer in ihren Richtlinien mitunter Obergrenzen an, an denen ihr euch orientieren könnt. Einen gewissen Gestaltungsspielraum gibt es dennoch: Ist der Stundenlohn beispielsweise vom Förderer auf 35€ für die pädagogische Arbeit festgelegt, so könnt ihr damit argumentieren, dass für ein dementsprechendes Projekt auch die Vor- und Nachbereitungszeit berechnet werden muss. Sollte keine Angabe über die Honorar-Höhe seitens des Förderers vorliegen, könnt ihr euch bei Bedarf bei entsprechenden Verbänden (für musikpädagogische Arbeitsfelder zum Beispiel der VdM – Verband deutscher Musikschulen) erkundigen, welche Honorar-Stundensätze für diesbezügliche Arbeit aktuell als Richtwert dienen.

In unserem Bundesland Nordrhein-Westfalen schwanken die Stundensätze für freiberufliche Projektarbeit in diesen Kontexten aktuell zwischen 30 und 55€ (Stand: Mai 2020). Dass in den von euch initiierten Projekten ein gewisser Teil der Arbeit auch ehrenamtlich erbracht wird, ist in der Regel unvermeidbar. Nicht jedes getätigte Telefonat oder das Schreiben einer E-Mail kann 1:1 in Rechnung gestellt werden. Für diese Kostenbereiche ist es aber durchaus legitim, Pauschalen anzugeben, die in der Regel auch in einem etwaigen Verwendungsnachweis nicht durch Einzelaufstellungen nachgewiesen werden müssen. Diese Pauschale für z.B. Telefonate, Porto und Ähnliches werden als „Allgemeinkosten" angegeben. Bei einem mehrmonatigen Projekt mit einem Gesamtvolumen von 3.000€ kann diese Pauschale z.B. bei

150 € liegen. Bei einem längerfristigen und aufwändigeren Projekt kann die Pauschale dementsprechend höher ausfallen. Je nachdem, wie tief ihr in das Thema Projektentwicklung einsteigen und dies vielleicht sogar hauptberuflich verfolgen möchtet, ist es wichtig, sich mit den Besonderheiten, die eine freiberufliche Vollzeittätigkeit mit sich bringt, auseinanderzusetzen:

- Unsicherheit und Unregelmäßigkeit von Lohnzahlungen in Projekten
- In der Regel kein bezahlter Urlaub oder Lohnfortzahlung im Krankheitsfall/bei Schwangerschaft
- Keine Sicherheit auf langfristige Weiter-/ Anschlussfinanzierung in Projekten

In der Praxis fahren viele freiberufliche Kulturschaffende daher mehrgleisig. Sie verfolgen nicht nur Projekte, sondern sichern ihren Lebensunterhalt auch durch Tätigkeiten in verschiedenen Institutionen in unterschiedlicher Form ab (z. B. auf Honorarbasis, zur Anstellung, als Lehrbeauftragte etc.). Mit dieser Vielfalt schaffen sie sich nicht nur einen sicheren Boden, sondern auch eine berufliche und inhaltliche Abwechslung und Erfüllung. Hinzuzufügen ist hier, dass die Ausübung verschiedener Tätigkeiten an verschiedenen Standorten ein hohes Maß an vorausschauender Organisation erfordert.

DURCHFÜHREN

9. Organisation und Kommunikation

9.1 Aufgabenbereiche

Als projektleitende Person (oder als Team) habt ihr eine Fülle von Aufgaben zu erledigen. Je nachdem, wie groß euer Projekt ist und wie viele unterschiedliche Partner*innen involviert sind, müsst ihr nicht nur den Überblick über die Arbeitsprozesse behalten, sondern eine ganze Reihe von Aufgaben erledigen. Die verschiedenen Arbeitsfelder treten unterschiedlich stark in den Vorder- oder Hintergrund.

Koordination des Projektablaufs und der anfallenden Aufgaben:

- Regelmäßiges Überprüfen eures Projektstrukturplans in Bezug auf notwendige Änderungen, Anpassungen etc.
- Beauftragen von Mitarbeiter*innen (und Betreuung mit Aufgaben)
- Kommunikationsstrukturen
- Einberufung von Sitzungen etc.
- Koordination und Aufrechterhaltung des Informationsflusses
- Administration
- Freigeben und Verwalten der Mittel im Rahmen des Projektbudgets und Verfolgen der Kostenentwicklung
- Erbringen eventueller Leistungen (fördererspezifisch)
- Außendarstellung
- Pressearbeit, soziale Netzwerke etc. Verfassen eines Abschlussberichts

Über welche Kompetenzen solltet ihr als Projektleiter*in verfügen?

An erster Stelle müsst ihr gut planen, organisieren und koordinieren können und hierbei einen reflektierten und selbstkritischen Blick auf das Ganze behalten. Wenn es um Kontakte und Kooperationsstrukturen geht, sind weiterhin eure sozialen Kompetenzen, eure Motivationsfähigkeit sowie Empathie notwendig. Schließlich müsst ihr als Projektleitung ein Projekt mit den hieran beteiligten Personen führen können. Das bedeutet, dass ihr einerseits für eine klare und wertschätzende Kommunikation zwischen allen am Projekt Beteiligten sorgen und andererseits immer wieder Entscheidungen treffen und transparent kommunizieren müsst.

9.2 Kommunikation

So ist eine transparente und wertschätzende Kommunikation mit Kooperationspartner*innen unbedingte (wenngleich nicht die einzige) Voraussetzung für das Gelingen eures Projekts. Die Institutionen/Partner*innen stellen euch etwas zur Verfügung, das ihr benötigt, um euer Projekt durchführen zu können. Eure Aufgabe ist es, für die Zusammenarbeit eine gute Basis zu schaffen, in der sich beide Seiten in ihren Bedürfnissen und Zielen wiederfinden. Ihr solltet euch bei Bedarf die Frage stellen, ob es notwendig ist, eure Kooperationspartner*innen (und euer Team) mit wiederkehrenden Motivationsschüben zu aktivieren und „bei Laune zu halten". Positive Feedbacks und persönliche Dankesschreiben zu projektbezogenen Anlässen können hier eine besondere Wirkung haben.

Vor der Durchführung

Überlegt euch bereits vor eurem ersten Gespräch, welche Forderungen und welche Wünsche ihr an die betreffende Person/Institution habt. Da ihr dem/der betreffenden Kooperationspartner*in möglicherweise in einzelnen Aspekten entgegenkommen müsst, lohnt es sich, eine Priorisierung vorzunehmen und entsprechende Szenarien für sich im Vorfeld durchzuspielen:

- Was ist unbedingt erforderlich/unverzichtbar?
- Was wäre wünschenswert?
- Welche Alternativen könnte ich anbieten?
- Wie weit bin ich bereit von meiner Planung abzuweichen?

Während der Durchführung

Während der Projektdurchführung solltet ihr eure Kooperationspartner*innen unbedingt auf dem Laufenden halten (z.B. über regelmäßige E-Mails und/oder Kurzprotokolle, in der ggf. Projektänderungen, -anpassungen etc. dokumentiert sind). Auch wenn es euch zunächst nicht notwendig erscheint: Haltet mündliche Absprachen in jedem Fall schriftlich fest, damit alle Parteien Bescheid wissen und sich daran orientieren und halten können.

9.3 Teamwork

Projekte können im Team entwickelt und umgesetzt werden. Auch hier sollte die Zusammenarbeit auf einer vertrauensvollen Basis aufgebaut sein, in der ihr idealerweise Regeln für die Kommunikation miteinander im gegenseitigen Einverständnis festgelegt habt (z.B. in Form eines dynamischen Dokuments, das in regelmäßigen Abständen erweitert, verändert etc. werden kann). Ihr solltet zudem die Art und Weise eurer Kommunikation und vor allem eure Erreichbarkeit klären. Vielleicht bietet sich ein regelmäßiger und kurzer Austauschtermin pro Woche an, bei dem ihr die Möglichkeit habt, Dinge effektiv entweder per Telefon und/oder face-to-face zu besprechen.

Als Projektleitende solltet ihr ein Gefühl dafür entwickeln, welche Themen wie geklärt werden können. So sollte eine existentielle Frage in Bezug auf eine mögliche Änderung des Projekts nicht per Mail diskutiert werden, sondern im Rahmen eines persönlichen Gesprächs, um einerseits Missverständnisse zu vermeiden und andererseits direkte Rückfragen schnell zu klären.

Für die Aufgabenverteilung hilft die Erstellung eines Organigramms, in welchem ihr die einzelnen Zuständigkeiten und Aufgabenfelder zuweist. Bei alldem ist es wichtig, wertschätzend miteinander umzugehen und gegenseitiges Feedback respektvoll zu äußern. Eine professionelle Aufgabenteilung und einhergehende Strukturierung der Aufgabenbereiche erkennt man in dem Projekt „Die tapfere Teodora": Als erfahrene und passionierte Songwriterin übernahm Marie Rademacher den Part des Songwriting. Linda Buhl wiederum leitete den organisatorischen Part, da sie hier über ausgeprägte Kompetenzen verfügte.

Wenn es in einem Team zu Konflikten kommt, sollte man diese zunächst identifizieren und überlegen, um was für ein Problem es hier geht. Oft entwickeln sich Verstimmungen im Team aus Missverständnissen oder einer unzureichenden Kommunikation. Wenn ihr das erkannt habt, seid ihr schon einen wesentlichen Schritt weiter. Löst das Problem professionell miteinander und tragt es nicht nach außen. Auch hier können schriftliche Absprachen helfen, neue Frustrationen auf beiden Seiten zu vermeiden.

9.4 Checkliste

Bevor euer Projekt in die Durchführung geht, solltet ihr noch einmal sorgfältig überprüfen, ob ihr an alle wichtigen Bestandteile der Organisation gedacht habt:

- Habt ihr das Projektziel für alle Beteiligten klar formuliert (ggf. auch die Teilziele)?
- Habt ihr die Aufgabenfelder/Kompetenzen geklärt (Organigramm)?
- Habt ihr euer Vorgehen bezüglich des Projektablaufes miteinander abgestimmt?
- Habt ihr die Aufgabenfelder in Teilaufgaben untergliedert und zugewiesen?
- Habt ihr einen Terminplan erstellt (insbesondere auch in Bezug auf die Erledigung von Aufgaben)?
- Habt ihr geklärt, welche Kommunikationskanäle ihr wie benutzen und wie ihr den Informationsfluss für alle Beteiligten gewährleisten wollt?

10. Beendigung eines Projekts

10.1 Beendigung

Ebenso wie der Anfang muss auch das Ende eines Projekts sorgfältig und sinnvoll geplant werden. Je nach Dimension, Zielsetzung und Ausrichtung eures Projekts können folgende Aspekte wichtig sein:

- Aufarbeitung und Reflexion der Projektdaten
- Archivierung aller Unterlagen
- Verfügbarmachung eurer Daten (z. B. als Planungsgrundlage für neue Projekte)
- Aufbereitung der Projektergebnisse für die Öffentlichkeit

Des Weiteren gibt es abhängig von Euren Fördermitteln auch einige Pflichten, die nun erledigt werden müssen, z. B.:

- Erstellung eines Projektberichts
- Erstellung eines Verwendungsnachweises

Darüber hinaus gehört zu einem Projektabschluss auch, dass ihr diesen mit allen Beteiligten zelebriert/feiert. Hier gibt es viele Möglichkeiten der Ausgestaltung. So können z. B. bedeutende Momente des Projekts noch einmal aufgefangen und präsentiert und alle Beteiligten zu einem gemeinsamen Austausch über die Durchführung eingeladen werden.

Das Team von „KulTour" beendete das Projekt mit einem gemeinsamen Essen und Austausch. In diesem Rahmen wurde auch die Evaluation mithilfe der Papier-Fragebögen durchgeführt und Geschenke in Form eines KulTour-Beutels verteilt.

„Wir beendeten das Wochenende mit einem gemeinsamen Essen, das wir neben einem abschließenden Austausch für unsere Evaluation nutzten. Als Abschiedsgeschenk gaben wir unseren KulTouristinnen und KulTouristen Fachschafts-Taschen – oder wie wir sagen: KulTour-Beutel – mit einer Sammlung an Flyern, Programmheften und kleinen Goodies an die Hand. Nach einem Glühwein auf dem Mittelalter-Weihnachtsmarkt auf dem Laurentiusplatz und einer herzlichen Verabschiedung trennten sich schließlich die Wege der KulTour-Teilnehmenden."

(Julia Wessel: „KulTour")

10.2 Evaluation

Die Frage danach, inwieweit ihr eure Projektziele erreicht habt, könnt ihr mit ganz unterschiedlichen Arten „messen". Neben einem mündlichen, persönlichen Austausch bietet ein ergänzender Fragebogen eine wertvolle Möglichkeit, alle Projektbeteiligten mit einem Fragebogen in die Auswertung einzubeziehen. Die Teilnehmer*innen bekommen hier noch einmal gezielt die Möglichkeit, ihre Sicht auf verschiedene Aspekte des Projekts anonym zu äußern und ggf. Verbesserungsvorschläge anzumerken. Eine solche Evaluation kann z. B. folgende Fragen aufgreifen:

- Inwieweit konntet ihr eure Projektziele erreichen? (Ziele)
- Was habt ihr persönlich aus der Projektarbeit gelernt? (Persönliche Reflexion)
- Wie geht es weiter? Inwieweit gibt es Ideen das Projekt weiterzuführen, zu verstetigen, zu verändern etc.? (Perspektiven)

Für die Evaluation der „KulTour" hat das Projektteam einen Fragebogen konzipiert, in dem verschiedene Aspekte abgefragt wurden (z. B. Organisation, Kommunikation, Auswahl und Zusammenstellung der Programmpunkte).

Evaluationsbogen: Projekt „KulTour"

Allgemeine Angaben:

Studienfach/-fächer: _______________________________________

Wohnort: _______________________________

in Wuppertal seit: _________________________

teilgenommene Wochenenden: O 26.-28.10.2018

                                   O 30.11.-02.12.2018

Wie hast du von dem Projekt erfahren? ____________________________

	++	+	O	-	--	X
Wie gut organisiert fandest du die Projektvorbereitung?						
Was hätte besser laufen können?						
Wie war die Kommunikation mit den Organisatorinnen im Vorfeld?						
Was hätte besser laufen können?						
Wie hat dir die Durchführung des Projekts gefallen?						
Was hätte besser laufen können?						
Wie war die Kommunikation mit den Organisatorinnen und anderen Teilnehmer*innen während des Projekts?						
Was hätte besser laufen können?						
Wie fandest du die Gruppengröße?						
Wenn schlecht, hättest du eine größere oder kleinere Gruppe angenehmer gefunden?						
Wie fandest du das Programm insgesamt?						

Wie war das Pensum?						
Wenn schlecht, eher zu viel oder zu wenig Programm?						
Welche/n Programmpunkt/e fandest du am besten/besonders gut?						
Hat dir etwas gefehlt oder fandest du einen Bereich (Musik, Schauspiel, Kunst, Theater, Tanz, Literatur – klassisch, populär) zu dominierend?						
Hast du das Gefühl, dass du die Wuppertaler Kulturszene durch die KulTour näher kennen gelernt hast?						
Würdest du mit den anderen Teilnehmer*innen zukünftig auch außerhalb des Projekts selbstständig kulturelle Veranstaltungen besuchen wollen?						
Würdest du grundsätzlich eine weitere KulTour mitmachen wollen?						
Sonstige Verbesserungsvorschläge/Wünsche?						

10.3 Nachbereitung (z.B. Verwendungsnachweis/ Projektbericht)

Einige Förderer erwarten nach Projektabschluss einen Nachweis darüber, wie die Gelder verwendet wurden. Dieser Verwendungsnachweis dient als Beleg dafür, dass die beantragten Fördermittel auch tatsächlich wie geplant eingesetzt und nicht etwa zweckentfremdet und für andere Anschaffungen eingesetzt wurden.

In der Regel besteht ein einfacher Verwendungsnachweis aus einem Sachbericht und einem zahlenmäßigen Nachweis. Während der Sachbericht die Durchführung der einzelnen Arbeiten und/oder Aufgaben darstellt, werden im zahlenmäßigen Nachweis die verschiedenen Einzelmaßnahmen chronologisch aufgelistet. Dies bedeutet, dass alle Einnahmen und Ausgaben, die von euch im Zusammenhang mit eurem Projekt getätigt wurden, hier aufgeführt werden müssen. Um diese Aufstellung für die Förderer nachvollziehbar zu gestalten, empfiehlt sich eine Orientierung an eurem Kosten- und Finanzierungsplan und eine Nummerierung der einzelnen Belege sowie deren Zuordnung zu den einzelnen Maßnahmen. Schließlich enthält der Verwendungsnachweis eine von euch unterschriebene Erklärung, die bestätigt, dass die eingereichten Belege mit dem Vorhaben in Verbindung stehen und die Daten der Bezahlung korrekt sind. Bei Überweisungen müssen auch Kopien der Kontobewegungen eingereicht werden. Etwaige Differenzen zu der ursprünglich vereinbarten Fördersumme zu euren Gunsten müssen in der Regel zurückgezahlt werden.

Im Folgenden findet ihr den Sachbericht, den das Projektteam von „KulTour" (hier vertreten von Julia Wessel) für die Förderer erbringen musste. Nach einer kurzen Einführung in das Projekt und seine Ziele werden Durchführung (z.B. in Bezug auf Teilnehmer*innenzahlen und Programmpunkte) und Evaluation erläutert. Der Bericht schließt mit Überlegungen in Bezug auf Möglichkeiten der Weiterführung/Verstetigung.

Sachbericht und Zuwendungsbescheid: Projekt „KulTour"
Bericht: Julia Wessel

Von der Höhe des Grifflenbergs schaffen es die meisten
Studierenden der Bergischen Universität Wuppertal gerade
einmal bis zum Hauptbahnhof, ab und zu ins Luisenviertel
und nur selten in die Häuser der kulturellen Akteure unserer
Stadt. Die „KulTour" – die kulturelle Stadtführung für Studierende der Uni Wuppertal – wurde an den Wochenenden
28.-30.10.2018 und 30.11.-02.12.2018 durchgeführt, um den Studierenden die Wuppertaler Kulturlandschaft näher zu bringen,
Hemmschwellen zur Hochkultur abzubauen und eine interessenbasierte Vernetzung zu bewirken.
Am ersten Wochenende bestand die Gruppe neben den zwei
Projektleiterinnen aus neun und am zweiten Wochenende aus
acht TeilnehmerInnen aus verschiedenen Studiengängen von
Musikpädagogik bis hin zu Psychologie, vom ersten Semester
bis in den Master. Zum Auftakt Ende Oktober standen nach
einer spielerischen „Aufwärmphase" ein Poetry Slam im
Underground, eine Führung durch den Skulpturenpark Wald-
frieden, eine Installation des Neuen Kunstvereins, das zweite
Sinfoniekonzert in der Historischen Stadthalle, die Ausstellung
„California Love" in der Galerie Droste und Arthur Millers
„Hexenjagd" im TalTonTheater auf dem Programm. Am zwei-
ten Wochenende besuchten wir die Ausstellung über Paula
Modersohn-Becker im Von der Heydt-Museum, die Operette
„Das Land des Lächelns" im Opernhaus, die Release-Lesung
der Literaturzeitschrift „neolith" im Café Swane, das Schau-
spiel „Der zerbrochne Krug" und das Ulle-Hees-Atelierhaus.
Da das Programm des ersten Wochenendes von einigen
TeilnehmerInnen als recht straff empfunden wurde, wurde das
zweite Wochenende etwas entzerrt und mit einem gemeinsamen Essen und einem Besuch des Weihnachtsmarktes am
Laurentiusplatz abgeschlossen. Die geringer als angedachte

Gruppengröße resultierte aus zahlreichen kurzfristigen Absagen, erwies sich in der Projektdurchführung allerdings als sehr angenehm und sorgte für ein freundschaftliches Klima unter den TeilnehmerInnen.

Aus der Evaluation des Projekts ging hervor, dass die TeilnehmerInnen die Wuppertaler Kulturszene durch die KulTour näher kennengelernt haben und die kulturellen Angebote in Zukunft stärker wahrnehmen wollen. Als besondere Highlights wurden das Sinfoniekonzert und die Vorstellungen des TalTonTheaters und der Oper Wuppertal genannt. Besonders angetan waren wir von der Bereitschaft der Veranstalter, uns durch Führungen und Vor- oder Nachgespräche mit wertvollen Hintergrundinformationen zur Seite zu stehen, was unsere Besuche extrem bereichert hat. Darüber hinaus konnten wir dank des enormen Entgegenkommens der Veranstalter und der verringerten Teilnehmeranzahl einen Teil der veranschlagten Eintrittskosten einsparen. Die Kosten für Werbematerial (Postkarten, Plakate, Facebook-Werbeanzeige) fielen hingegen größer aus als gedacht, sodass diese beiden Positionen sich ausgleichen.

Wir können uns gut vorstellen, das Projekt an der Bergischen Universität langfristig zu etablieren, jedoch in einem knapperen Format (z. B. an einzelnen Tagen oder verkürzten Wochenenden), da zahlreiche Teilnahmen an mit dem umfangreichen Programm kollidierenden Terminen gescheitert sind. Bei einer Wiederholung würden wir die Teilnehmerzahl von Beginn an auf zehn TeilnehmerInnen begrenzen und darüber hinaus eine kleine Teilnahmegebühr veranschlagen, um leichtfertigen Zu- und Absagen vorzubeugen. Auch seitens der TeilnehmerInnen wurde der Wunsch geäußert, die KulTour in regelmäßigen Abständen mit immer neuen Programmpunkten zu wiederholen. Durch das Projekt hat sich zu unserer Freude jedoch bereits eine Gruppe formiert, die auch abseits der KulTour gemeinsam kulturelle Veranstaltungen besuchen möchte.

10.4 Persönliche Reflexion und Perspektiven

Neben „offiziellen" Berichten stellt vor allem die persönliche Reflexion eures Projekts den zentralen Baustein in der kulturellen Projektarbeit dar. Geht es hierbei einerseits um die Analyse der Durchführung in Bezug auf die Erreichung der Zielsetzung(en), Gelingenskriterien und Problemstellungen, so schließt sich andererseits die Frage nach Möglichkeiten der Fortführung und/oder Verstetigung des Projekts an.

Reflexion und Analyse

Zunächst sollte euer Projekt in seiner Struktur und in seinen Elementen betrachtet und hierbei untersucht werden, inwieweit welche Schritte planungsmäßig verliefen, welche zusätzlichen Änderungen getroffen werden mussten, welche Aspekte sich als besonders positiv/besonders negativ (bzw. verbesserungswürdig) herausgestellt haben und welche Dinge in der Planung eventuell vergessen oder falsch kalkuliert wurden. Hierbei ist es oft gar nicht so leicht genau zu identifizieren, warum welche Dinge wie passiert sind und welche Alternativen hier möglich wären (in Bezug auf zukünftige Projekte). Folgende Fragestellungen bieten sich z. B. an:

- Wie ist das Projekt verlaufen?
- Gab es irgendwelche Probleme? Wenn ja, welche genau?
- Was wollte ich erreichen? Was wollte ich ausprobieren?
- Inwieweit habe ich die Ziele erreicht, die ich vor dem Projekt beschrieben habe?
- Inwieweit haben welche anderen Einflüsse Änderungen hervorgebracht?
- Welche Alternativen bieten sich an?
- Was werde ich beim nächsten Mal beibehalten/anders machen/weiterentwickeln?
-

Die persönliche Reflexion in Bezug auf die Durchführung der „KulTour" zeigt zwei Dinge: Konnte das Projektteam bereits im ersten Antrag die volle Fördersumme erwerben und hatte somit Planungssicherheit, so wurde in der Kostenkalkulation vor allem der Zeitfaktor bei den Personalkosten unterschätzt. Aufgrund der hohen Motivation und guten Zusammenarbeit beider Projektleiterinnen konnte diese zusätzliche Belastung jedoch aufgefangen und das Projekt erfolgreich durchgeführt werden.

„Was die Förderung angeht, hätte es nicht besser laufen können. Schon beim ersten Versuch eine vollständige Finanzierung zu bekommen, war ein großes Glück für uns und letztendlich die ausschlaggebende Motivation, das Projekt auch wirklich umzusetzen. Mit unserem Anschreiben waren wir nach einigen Überarbeitungen zufrieden, die Kostenkalkulation hingegen wies im Nachhinein einige Fehleinschätzungen auf. Der Gesamtsumme nach ist unsere Kalkulation zwar aufgegangen – was schließlich die Hauptsache ist – allerdings haben sich die Positionen teilweise verschoben, da wir zwei Kostenpunkte wesentlich unterschätzt haben: einerseits die des Werbematerials, was allerdings zu einem großen Teil dem kurzfristigen Druck der Plakate geschuldet war, und andererseits die Arbeitsstunden für die Planung des Projekts. Die Stunden, die wir vorgesehen hatten, waren spätestens bis zum Sommer aufgebraucht – lange bevor es in die eigentliche heiße Phase der Programmplanung und Teilnehmersuche ging. Da wir durch das finanzielle Entgegenkommen der Veranstalter einen Großteil der Eintrittskosten sparen konnten, blieb es beinahe auf den Euro genau bei der geplanten Summe von 1.300€. Beim nächsten Mal würden wir diese beiden Positionen allerdings entsprechend anpassen und eine höhere Gesamtsumme beantragen. Ich denke, daraus haben wir unter anderem am meisten gelernt: Nicht nur für die Finanzierung, sondern auch für die eigene Planung ist es wichtig zu wissen, wie viel Zeit die einzelnen Arbeitsschritte ei-

nes Projekts in Anspruch nehmen. Wir beide sind während einiger Phasen, in denen viele andere Dinge anstanden und das Projekt weiterhin nebenher gepflegt werden musste, immer wieder an die Grenzen unserer zeitlichen Kapazitäten gestoßen. Da war es dann gut, dass wir zu zweit waren, da immer, wenn eine von uns gerade im Stress war, die andere an Dinge erinnern oder den nächsten Schritt in die Hand nehmen konnte – das hat wirklich wunderbar funktioniert und es war eine große Erleichterung, nicht immer alles alleine im Blick haben zu müssen, sondern nach dem Vier-Augen-Prinzip vorgehen zu können. Auch die Tatsache, dass unsere Finanzierung eine Gage für unsere Arbeit beinhaltete, trug wesentlich dazu bei, kontinuierlich dranzubleiben und nicht die Motivation zu verlieren – auch wenn wir im Nachhinein auch viele unbezahlte Stunden investiert haben. Das Projekt ist uns mit der Zeit allerdings so zu einer Herzensangelegenheit geworden, dass wir das gut verschmerzen konnten."

(Julia Wessel: „KulTour")

Als besondere Herausforderung wird die Akquise der teilnehmenden Studierenden bei der „KulTour" geschildert. Das Projektteam hat diesbezüglich überlegt, eine wenngleich geringe Teilnahmegebühr zu verlangen, um die Verbindlichkeit zu stärken. Weiterhin wird der in der Evaluation geäußerte Wunsch nach einer Wahlmöglichkeit (der Teilnahme an nur einem Wochenende) kritisch im Zusammenhang übergeordneter Projektziele (z. B. vertraute Gruppenatmosphäre erzeugen, Vernetzung) reflektiert.

„Das wohl Frustrierendste bei der Planung dieses Projekts waren die leichtfertigen, sowie spontanen Zu- und Absagen. Dies hat uns dazu veranlasst, darüber nachzudenken, bei einer weiteren Durchführung einer KulTour doch einen geringen Teilnehmerbeitrag zu erheben, um damit die Hemmschwelle ein wenig zu erhöhen, ohne jemanden abzuschrecken. Was uns in persönlichen Gesprä-

chen und in dem Evaluationsbogen auch zurückgemeldet wurde, war, dass die Möglichkeit gut gewesen wäre, sich nur für eines der Wochenenden anmelden zu können. Unserem Wunsch bei der Planung, dass man beide Wochenenden mit denselben Leuten verbringt, um eine vertraute Gruppenatmosphäre zu schaffen, spricht dies entgegen. Allerdings kann ich auch verstehen, dass es für manche Studierende einfach nicht möglich ist, sich zwei ganze Wochenenden im Semester frei zu halten, zumal sie diese nicht frei aussuchen können, wie das bei Julia und mir der Fall war."

(Rebekka Herrig: „KulTour")

Verstetigung

Schließlich solltet ihr euch auch fragen, ob und inwieweit ihr euer Projekt weiterführen oder sogar verstetigen könnt. Warum?

Zum einen habt ihr wahrscheinlich viel Arbeit in die Planung und Durchführung eures Projekts investiert. Zum anderen habt ihr in allen Projektphasen wertvolles Wissen für die zentralen Schritte und Aspekte der Projektplanung erhalten. Es ist sinnvoll, euer Wissen zu teilen, damit euer Projekt noch viel mehr Personen erreichen kann und nicht jede*r das Rad neu erfinden muss.

Das Team der „KulTour" kann sich eine erneute Durchführung des Projekts vorstellen, und zwar mit folgenden Änderungen: Beschränkung der Gruppengröße, Verbesserung der Bewerbung des Projekts, Anpassung der Programmplanung an Bedürfnisse der Teilnehmer*innen (Einräumung von Wahlmöglichkeiten), Erhebung einer Teilnahmegebühr, Verlegung der Durchführung auf das Sommersemester (höhere Wahrscheinlichkeit für besseres und wärmeres Wetter), Hinzunahme einzelner Veranstaltungen.

„Die KulTour hat uns – ich denke, da kann ich auch für Rebekka sprechen – große Freude gemacht und uns eine ganze Menge über die Tücken der Projektarbeit gelehrt. Nach dem Erfolg des ersten Durchlaufs und so vielen Erkenntnissen darüber, was man

noch besser hätte machen können, hat uns der Ehrgeiz gepackt, das Projekt mit einigen Änderungen erneut durchzuführen. Ob es wirklich dazu kommt, hängt von meiner Seite davon ab, wie es für mich beruflich weitergeht, da ich mein Studium nun abgeschlossen habe. Im Zweifelsfall könnte Rebekka das Projekt aber auch alleine oder mit einem neuen Partner weiter führen.

Bei einer Wiederholung würden wir die Punkte angleichen, mit denen wir beim ersten Durchlauf nicht zufrieden waren: Die Gruppengröße würden wir von Anfang an auf zehn Teilnehmerinnen und Teilnehmer beschränken und uns eingehendere Gedanken über die Bewerbung des Projekts machen, um noch mehr Interessierte aus verschiedenen Studiengängen zu erreichen. Wir würden die Teilnahme an zwei Wochenenden außerdem nicht noch einmal verpflichtend machen, sondern einzelne, auf zwei Tage verkürzte Wochenenden oder einzelne Tagestouren anbieten, um potenziell Interessierten die Terminfindung zu erleichtern. Wie bereits angesprochen würden wir außerdem eine kleine Teilnahmegebühr veranschlagen oder zumindest eine Art offizielles Anmeldeformular gestalten, um die Ernsthaftigkeit der Anmeldungen sicherzustellen, was die Planung erheblich erleichtern würde. Was die Programmgestaltung betrifft, könnten wir uns gut vorstellen, eine KulTour im Sommer durchzuführen, da es dort noch einmal ein ganzes Spektrum an Outdoor-Veranstaltungen gibt. Allerdings müsste man bei der Terminfindung darauf achten, dass die KulTour entweder vor oder nach der Sommerpause der großen Häuser stattfindet. Toll wäre es natürlich, wenn wir dann auch noch Pina Bausch ins Boot holen könnten. Für mich wären außerdem Besuche der Konzertreihe „Klangart" im Skulpturenpark, des Freilichtkinos „Talflimmern" und Veranstaltungen im LOCH und in Utopiastadt wünschenswert. Auch die alternativen Veranstaltungsreihen der Wuppertaler Bühnen, die an verschiedenen Orten in der Stadt stattfinden, würden gut zum Programm der KulTour passen. Denkbar wären etwa der „Schnappschuss" oder die Lesungen in der Citykirche des Schau-

spiel Ensembles oder die „Uptown Classics" des Sinfonieorchesters. Ob die Teilnehmerinnen und Teilnehmer der ersten KulTour
in Folge des Projekts auch langfristig und von sich aus häufiger
kulturelle Veranstaltungen besuchen, bleibt abzuwarten. Jedoch
gab es in der immer noch bestehenden WhatsApp-Gruppe bereits
einige Gesuche nach Begleitung für bestimmte Veranstaltungen.
Wir gehen mit Stolz aus dem Projekt heraus und hoffen, auch in
Zukunft mit diesem oder anderen Projekten dazu beizutragen,
dass unseren Mitmenschen die Wuppertaler Kulturszene ebenso
ans Herz wächst wie uns."

(Julia Wessel: „KulTour")

TEIL C – NÜTZLICHES ZUR PROJEKTARBEIT

1. Netzwerken

1.1 Warum ist Netzwerken wichtig und wie macht man das?

„Um ein Kind zu erziehen, braucht es ein ganzes Dorf." Die hinter diesem bekannten Sprichwort stehende Bedeutung lässt sich auch auf das Feld der kulturellen Projektarbeit übertragen: So muss man sich auch hier sein „Dorf" zunächst aufbauen und entsprechend „netzwerken". Netzwerken hat hier eine vielschichtige Bedeutung und kann euch auf ganz unterschiedliche Weise voranbringen. Zum einen kann es sich als hilfreich erweisen, bei den städtischen Geldgeber*innen (Kulturbüro, Gleichstellungsbüro, Verantwortliche für städtische Projekte und Initiativen etc.) vorstellig zu werden und einfach von den eigenen Plänen zu erzählen, um Feedback zu bitten oder auch, um direkt konkrete Fragen zu Förderung und möglichen Kooperationspartner*innen zu stellen. In Ergänzung zu solchen eher formalen Kontexten erhält auch das Netzwerken in Künstler*innenkreisen innerhalb der Szene eine wichtige Bedeutung. Zeigt Präsenz und bringt euch in der entsprechenden „Szene" ein. Dies kann zum Beispiel folgendermaßen aussehen: Wenn ich ein Kunstprojekt in Kooperation mit Galerien machen möchte, sollte ich mich genau in dieser Galerie vorstellen, Interesse zeigen und vielleicht zu einer Veranstaltung gehen. Bei einer Projektplanung, die sich über einen längeren Zeitraum hinzieht, sollte ich immer wieder den Kontakt aufrechterhalten, um nicht in Vergessenheit zu geraten.

Doch nicht jedes Projekt erfordert ein großes Netzwerk. Macht euch bei eurer Projektplanung bewusst, wie euer bisheriges Netzwerk euch helfen kann und welche Personen ihr noch benötigt (Welche Personen in welchem Kontext und Umfeld sind dies?). In der Regel lässt sich schnell erkennen, wer einem hier offen begegnet und sich begeistern lässt.

1.2 Möglichkeiten und Potenziale eines Vereins und darüber hinaus

Wenn ein Projekt als fortlaufendes Projekt geplant ist, muss man sich dahingehend Gedanken darüber machen, wie eine Verstetigung am besten aussehen könnte und wie man dabei am besten vorgeht. Lea Isabelle Sander beschreibt im Folgenden, wie sich bei ihrem Projekt aus einem freien Netzwerk ein Verein bildete.

„Beim Projekt ‚YAYA Netzwerk' – ein Netzwerk kreativer, künstlerischer und kulturliebender Geschlechterminderheiten aus Wuppertal und Umgebung — liefen alle Förderanträge und Rechnungen über mich als Privatperson. Ab einem bestimmten Punkt kam der Gedanke, einen Verein zu gründen, um zum einen rechtlich besser abgesichert zu sein, ein eigenes Konto eröffnen zu können (bessere finanzielle Strukturierung) und zum anderen eine Arbeitsstruktur schaffen zu können. YAYA ist innerhalb von einem halben Jahr so groß geworden, dass es monatlich mehrere Veranstaltungen gab, bei denen die YAYAs entweder mitgewirkt oder sie initiiert haben. Organisatorisch war es mit zwei oder drei Personen als Leitung nicht mehr zu schaffen, sodass sich Arbeitsgruppen gegründet haben, die jeweils einen Teilbereich (z. B. Öffentlichkeitsarbeit, Social Media, Vereinsgründung/Förderung, Netzwerkstärkung, Awarenessarbeit) übernehmen. Durch diese Struktur kristallisierte sich heraus, wer im Netzwerk aktiv mithelfen und -gestalten und

wer lieber passiv im Hintergrund bleiben wollte. Dadurch war ein Vereinsvorstand schnell formiert und der Vorteil war, dass sich alle mit ihren Stärken (Organisation, Finanzielles, Kreatives etc.) einbringen konnten."

(Lea Isabelle Sander)

Wenn sich bei eurem Projekt eine Langlebigkeit abzeichnet, ist es sinnvoll, über eine Vereinsgründung nachzudenken. Die Vorteile eines gemeinnützigen Vereins sind u. a., dass andere Fördertöpfe angezapft werden können und in einigen Kommunen z.B. Ausschüttungen für gemeinnützige Vereine zur Verfügung gestellt werden (z.B. durch die Sparkasse und/oder private Förderer).

Einen Verein zu gründen – insbesondere einen gemeinnützigen – ist jedoch nicht immer sinnvoll. Wenn das Ziel ist, mit dem Projekt Geld zu verdienen, kann es von Vorteil sein eine Unternehmergesellschaft zu gründen (UG). Auch diese können gemeinnützig sein, unterliegen aber einem anderen Steuerrecht. Hier ist es sinnvoll, sich bei eine*r Steuerberater*in Hilfe zu suchen. Auch gibt es die Möglichkeit eine GbR oder GmbH zu gründen. Auch ein nicht-gemeinnütziger Verein kann eine Option sein.

Die Frage danach, ob Verein, UG, GbR oder GmbH oder nicht, kann nur individuell vor dem Hintergrund eures Projekts und den damit verbundenen Zielen beantwortet werden.

1.3 Auf aktuelle Bedarfsfelder reagieren

Unabhängig davon, ob ihr als „Einzelkämpfer*in" unterwegs seid, oder euch in einem Verein organisiert, ist es empfehlenswert, sich mit aktuellen Bedarfsfeldern zu beschäftigen und hier z.B. auch nach Anschlüssen an die eigene Projektausrichtung zu suchen. Nicht ratsam ist allerdings, seine Projektidee nach möglichen Förderprogrammen zu „verbiegen" und dieses nur aufgrund einer gegebenen/garantierten Fördermöglichkeit durchzuführen. Ein Beispiel: Wenn ihr ein Projekt plant, in dem digitale Medien künstlerisch zum Einsatz kommen, kann es sich unter Umständen als sinnvoll erweisen, genau nach solchen Ausschreibungen zu suchen, in denen Digitalisierung ein zentrales Förderkriterium ist.

Im Folgenden möchten wir ein Projekt vorstellen, das im Zuge des Flüchtlingszustroms im Jahr 2015 in Wuppertal entwickelt und mit einem Programm des Landesmusikrats NRW e.V. gefördert wurde, das sich genau auf diese Zielgruppe bezog. Björn Krüger, der dieses Projekt u. a. leitete, schildert die Ausgangslage und Motivation für dieses Projekt folgendermaßen:

„Im Sommer des Jahres 2015 entstanden auch in meiner Heimatstadt Wuppertal einige Übergangswohnheime für Geflüchtete aus den unterschiedlichsten Ländern. Bei einer Sitzung meines Vereins ‚Planet K — Kultur für alle e.V.‘ diskutierten wir darüber, wie wir in Bezug auf unseren Vereinsgrundsatz (‚Kultur für alle‘) auf diese aktuelle Lage reagieren wollten. Wir wollten helfen – aber wie? Da wir die akute Bedarfslage der geflüchteten Menschen nur erahnen konnten, führte uns unser erster Weg zum städtischen Amt für Migration. Genauer: zur Koordinationsstelle der Übergangswohnheime.

Im konstruktiven Austausch mit der dort zuständigen Mitarbeiterin entwickelte sich die Idee eines Musikprojekts mit Geflüchteten, da wir im Verein hierfür sowohl personelle als auch räumliche Kapazitäten zur Verfügung hatten. Bereits ‚im Hinausgehen‘ fiel der Mitarbeiterin noch eine Mail des Landesmusikrat NRW ein: eine passgenaue Ausschreibung zu einem ebensolchen Projekt.“

(Björn Krüger: „Gemeinsam Musik (er)leben“)

Im Folgenden findet ihr die Originalausschreibung für das Projekt mit den von uns in Fett- und Kursivschrift markierten „Buzzwords" bzw. diesbezüglich wichtigen Textpassagen.

TEIL C

LANDESMUSIKRAT.NRW:

Ausschreibung: Förderung für Flüchtlingsprojekte

1. Aufgaben und Zielsetzungen

Nordrhein-Westfalen ist in verstärktem Maße Aufnahmeland von geflohenen Menschen geworden. Eine Willkommenskultur, deren Substanz im Wesentlichen aus bürgerschaftlichem Engagement besteht, soll die Flüchtlinge empfangen. Der Landesmusikrat NRW unterstützt *Kulturprojekte des Willkommens* aus Mitteln des Ministeriums für Familie, Kinder, Jugend, Kultur und Sport und schreibt die Förderung von *Projekten von Laienmusikern* aus, die mit *Flüchtlingen musikalisch arbeiten*.

2. Förderverfahren

Gefördert wird mittels einer *Festbetragsförderung*. Ein *Eigenanteil von 10 %* der Gesamtkosten ist *wünschenswert*. Dieser kann auch in Form von bürgerschaftlichem Engagement in Form von freiwilligen, unentgeltlichen Arbeiten erbracht werden. Es wird auf die entsprechende Richtlinie des Ministeriums für Familie, Kinder, Jugend, Kultur und Sport – 112 (BdH) – 14-01-01 – vom 01.04.2013 verwiesen.

3. Antragsteller und Antragsvoraussetzungen

Antragsberechtigt sind *Vereine, Musikinitiativen und Gruppen der Laienmusik*, die als *GbR oder in anderer Rechtsform* ansprechbar sind. Die geförderten Veranstaltungen müssen *in Nordrhein-Westfalen* stattfinden.

4. Antragsverfahren und Zuschüsse

Der beantragte Zuwendungsbetrag sollte *nicht unter 1.000,–€* liegen. Einnahmen sind in die Finanzierung des Projekts einzubringen. Ein Eigenanteil von 10 % der Gesamtkosten ist wünschenswert.

Dem Antrag ist ein aussagekräftiger *detaillierter Kosten- und Finanzierungsplan* beizufügen. Es muss erkennbar sein, wie

sich die einzelnen Kostenpositionen zusammensetzen (z. B.
30 Stunden für eine Honorarkraft à 20,00 € = 600,00 €). Der
Kosten- und Finanzierungsplan muss mit der Projektbeschreibung korrespondieren, d. h., sämtliche aufgeführten Kosten
müssen sich aus der Projektbeschreibung ergeben. Anträge
müssen *original unterschrieben* sein. Über die Auswahl der zu
fördernden Projekte und die Höhe der Zuschüsse entscheidet
eine Kommission.

5. Leistungen des Fördernehmers
Der Fördernehmer verpflichtet sich, im Programm sowie in der
Werbung für die geförderte Veranstaltungen auf die *Förde-
rung durch folgenden Wortlaut zu verweisen: Gefördert vom
Ministerium für Familie, Kinder, Jugend, Kultur und Sport des
Landes NRW und vom Landesmusikrat NRW*. Zusätzlich sind
die *Logos des Ministeriums für Kultur und Wissenschaft und
des Landesmusikrats NRW* abzudrucken. Die Nicht-Beachtung
kann zu Rückforderungen der Zuwendung führen.
Zusätzlich sind die Logos des Landesmusikrats und des
Ministeriums für Familie, Kinder, Jugend, Kultur und Sport
des Landes NRW abzudrucken. Die Nicht-Beachtung kann zu
Rückforderungen der Zuwendung führen.

*Anträge für Projekte, die ab 15. Oktober 2015 stattfinden,
bitte bis zum 30. September 2015* an den:
Landesmusikrat NRW, Klever Str. 23, 40477 Düsseldorf,
Tel. 0211-862064-13
info@mr-nrw.de

Aufbauend auf den Kriterien entwickelte ein ganzes Projektteam
um Björn Krüger schließlich die Idee für das Projekt weiter:

*„Wir setzten uns mit den Förderkriterien auseinander und entwi-
ckelten im Team ein Projekt, das auf drei Säulen aufbaute. Hier war*

*es sehr hilfreich, dass wir im Verein auf vielfältige Kompetenzen im Team zurückgreifen konnten. Nicht allein die Musiker*innen und Musikpädagog*innen, sondern auch ein Designer, der Flyer erstellen konnte und weitere Mitglieder, die für die im u. g. Text benannte Konzertbegleitung verantwortlich zeichneten, konnten einbezogen werden."*

(Björn Krüger: „Gemeinsam Musik (er)leben)

Die einzelnen Inhalte der im Team entwickelten Projektkonzeption von „Gemeinsam Musik (er)leben" lassen sich sehr gut in dem folgenden Antrag an den Landesmusikrat NRW nachvollziehen:

Antrag auf Gewährung einer Zuwendung des Landesmusikrates NRW: Projekt „Gemeinsam Musik (er)leben" [Anhang zum Antrag vom 29.09.2015]

Projekt: „Gemeinsam Musik (er)leben!"
Antragsteller der Zuwendung:
Planet K – Kultur für Alle e.V., Björn Krüger
Zur Notwendigkeit der Maßnahme:
Planet K:
Der Verein „Planet K – Kultur für Alle e. V." hat es sich zur Aufgabe gemacht, regionale Kulturprojekte zu konzipieren, diese anzuschieben und in Kooperation mit anderen Kulturinstitutionen im Bergischen Land den Bereich der kulturellen Bildung mit zusätzlichen Impulsen anzuregen. Bei der Durchführung greift unser Verein nicht nur auf die umfangreichen Kompetenzen unserer Mitglieder zurück (Musik-Pädagogen, bildende Künstler, Musikwissenschaftler, Geisteswissenschaftler, Journalisten, Architekten, Designer, Musikmanager, Betriebswirte, Krankenpfleger etc.). Durch diese Vielfalt ist der Verein in der Region bestens vernetzt und hat so – je nach Bedarf – Zugriff auf weitere hilfreiche Netzwerke und deren Kompetenzen.

Zum Projekt:

Die Integration der zahlreichen Flüchtlinge, die in unserer Heimatstadt Wuppertal angekommen sind (und noch ankommen werden), braucht Zeit. In einem kurzen Projektzeitraum (bis Ende Januar 2016) können zeitnah sinnvolle Ansätze geschaffen und Weichen gestellt werden, die eine langfristige Arbeit mit den neuen Bürgern der Stadt ermöglichen. Nicht nur der nötige Spracherwerb – über den ein gesamtgesellschaftlicher Konsens besteht – auch die Gelegenheit, Gleichgesinnte zu treffen, Begegnungen, Gespräche und einen kulturellen Austausch zu ermöglichen, erscheint uns vorrangig wichtig.

Musik ist in diesem Kontext ein vielfältiges und sinnvolles Mittel, um diese Kontakte herzustellen. Wir stehen bereits in Kontakt zum Ressort Zuwanderung der Stadt Wuppertal, welches mit uns bei der Akquise von jungen Musiker*innen kooperieren wird. Die zuständige Bereichsleiterin [...] berichtete davon, dass in Wuppertal bislang leider zu wenige kulturelle Angebote explizit für Flüchtlinge auf den Weg gebracht wurden.

Unser Projekt „Gemeinsam Musik (er)leben!" steht auf den folgenden drei Säulen, die wir im Anschluss näher erläutern:

**Musikalische Vielfalt erleben_Musiker*innen vernetzen_
Gemeinsam musizieren**

In geeigneten Räumlichkeiten der „Alten Feuerwache" Wuppertal (siehe weitere Erläuterungen unter Punkt 5.2) wollen wir ein „Musik-Labor" entstehen lassen, das vielfältige Chancen für Begegnungen bietet. Nach Abfrage und Kenntlichmachung der individuellen Bedarfe der Musiker*innen wollen wir im ersten Schritt durch die Anschaffung von geeignetem Instrumentarium den Rahmen für eine Musik-Unterrichts-Situation schaffen.

In wöchentlichen Proben wollen wir hier mit einer Gruppengröße von bis zu 30 jungen Flüchtlingen gemeinsam musikalisch arbeiten. Dabei sind verschiedene Konstellationen – je nach den vorhandenen Interessen – möglich: chorisches

Arbeiten, Ensemble-Spiel, Band-Arbeit, improvisierte Musik
etc. Bei der Erarbeitung und Vermittlung der Musik sollen die
persönlichen Hintergründe und die individuelle musikalische
Sozialisation immer im Vordergrund stehen. Begegnungen mit
anderen Jugendlichen, die die „Alte Feuerwache" besuchen,
sind erwünscht und wichtiger Bestandteil dieses Moduls.

Musikalische Vielfalt erleben

Neben der gemeinsamen musikalischen Arbeit ist es uns wichtig, Kontaktmöglichkeiten zwischen den Flüchtlingen und hier
lebenden Künstlern zu schaffen. Wir denken hier an begleitete
Konzertbesuche und Besuche von Proben unterschiedlichster
Gruppen (Chöre, Bands, etc.).
Hier soll nicht nur der Rahmen dafür geschaffen werden, die
hiesige Musik-Kultur erlebbar zu machen. Im Miteinander
sollen hier auch die von uns begleiteten MusikerInnen ihre
eigene Musik-Kultur zeigen können.
Persönliche Patenschaften zwischen Musikern der verschiedenen Kulturen sind das Ziel dieses Moduls. Kontakte zu möglichen Kooperationspartnern auf Seite der Konzerthäuser bestehen bereits (Wuppertaler Bühnen, Haus der Jugend, etc.).

Musikerinnen vernetzen

Über unsere Verbindungen zu unterschiedlichen Netzwerken
der Region werden wir versuchen, die von uns betreuten
MusikerInnen in bereits bestehende Ensembles, Chöre, Bands
etc. zu vermitteln. Dieses langfristige Ziel liegt uns sehr am
Herzen, bedarf unserer Meinung nach allerdings intensiver
Vorbereitung und Zeit.

Zur Notwendigkeit der Förderung und zur Finanzierung:
Unsere Erfahrung zeigt, dass die Begleitung einer Gruppe
mit diesem speziellen Förderbedarf auch einen flexiblen und
individuellen Betreuungsschlüssel erfordert.
Im gesamten Projektzeitraum (ab Mitte Oktober 2015 fünfzehn

Wochen bis Ende Januar 2016) wollen wir die jungen Musiker
in allen betreffenden Belangen von vier Fachkräften betreut
wissen. Hierfür sehen wir ein wöchentliches Stundenkontin-
gent von vier Stunden pro Musik-Pädagoge vor. So ist gewährleistet, dass neben gemeinsamen wöchentlichen Probe-
terminen auch eine weitere und nötige Begleitung einzelner
Jugendlicher stattfinden kann.

Mit der „Alten Feuerwache" Wuppertal haben wir bereits einen
geeigneten Kooperationspartner gefunden, der uns für dieses
Projekt seine Räumlichkeiten und Technik zur Verfügung stellt.
Die „Alte Feuerwache" ist ein internationales Jugend- und Be-
gegnungszentrum im Zentrum der Stadt Wuppertal. Der Alltag
der Kinder und Jugendlichen, die dieses Haus besuchen, ist
geprägt von Armut, Gewalterfahrungen und Verwahrlosung.
Im vergangenen Jahr haben auch immer mehr Flüchtlinge die
Angebote der „Alten Feuerwache" genutzt. Diese umfangrei-
che Kompetenz interkultureller, integrativer Arbeit wollen wir
uns gern zunutze machen. Neben offenen Angeboten ist die
intensive Beziehungsarbeit in kleinen Gruppen ein Schwerpunkt der Arbeit der Pädagogen der „Feuerwache".
Diesen Ansatz wollen wir für unser Projekt übernehmen: Die
Möglichkeit zu haben, den großen Gruppenverbund von bis
zu 30 Musikern aufzubrechen und in kleinere, individuellere
Gruppen aufzuteilen halten wir für sinnvoll, aber auch notwendig. Nur so kann gewährleistet werden, dass Vertrauen zu
jedem einzelnen von uns betreuten Musiker aufgebaut werden
kann.
Die von uns angedachten „Kultur-Exkursionen" werden sowohl von weiteren Vereinsmitgliedern als auch von Mitarbei-
tern der „Alten Feuerwache" ehrenamtlich begleitet.
Nach Ende des Projektzeitraumes streben wir an, das Projekt
über Dritte finanzieren zu lassen, um die zu erwartenden Ansätze weiter zu vertiefen. Auch hier wollen wir flexibel agieren,
um auf die dann aktuellen Bedarfe näher eingehen zu können.

Kontakte zu möglichen Sponsoren und weiteren Fördertöpfen
bestehen über den Verein. Hier wollen wir frühzeitig für das
Thema und das Projekt sensibilisieren, um eine langfristige
Betreuung der Flüchtlinge möglich zu machen.
Mit unserem Erfahrungsschatz der Arbeit der ersten Monate
streben wir des Weiteren an, die diesbezügliche Netzwerkar-
beit weiter auszudehnen: Wir planen, andere Initiativen auch
aus anderen Städten (NRW-weit) zu kontaktieren und diese
im Sinne eines Erfahrungsaustauschs im Rahmen von Round
Tables zusammenzubringen.

Den grundsätzlichen inhaltlichen Ideen folgte ein dementsprechend passgenauer Kosten- und Finanzierungsplan. Hier gab es
im weiteren Austausch mit dem Landesmusikrat NRW u.a. Vorgaben zur maximalen Förderhöhe aber auch zum Honorarsatz der
beschäftigten Musikpädagog*innen.

Kosten- und Finanzierungsplan:
Projekt „Gemeinsam Musik (er)leben"

Leistungen des Fördernehmers
Der Fördernehmer verpflichtet sich, im Programm sowie in der
Werbung für die geförderte Veranstaltungen auf die Förderung
durch folgenden Wortlaut zu verweisen: Gefördert vom Ministerium für Kultur und Wissenschaft des Landes NRW und vom
Landesmusikrat NRW. Zusätzlich sind die Logos des Ministeriums für Kultur und Wissenschaft und des Landesmusikrats
NRW abzudrucken. Die Nicht-Beachtung kann zu Rückforderungen der Zuwendung führen.

**Antrag auf Gewährung einer Zuwendung
des Landesmusikrates NRW**

Antragsteller:
Planet K – Kultur für alle e.V. / Björn Krüger

Titel: Gemeinsam Musik (er)leben

Kostenplan
4 Fachkräfte (Musik- und Kultur-Pädagogen)
Std.-Honorar: 30€ / 8 Termine à 2,5 Stunden   2.400,00 €

Begleitung der Konzertbesuche (5 Personen)
Std-Honorar: 10 € / 4 Termine à 3 Stunden   600,00 €

Organisatorische Leitung (Koordination,
Kooperations-Partner, Verwaltung,
Verwendungsnachweis, etc.)
Std-Honorar: 15€ / 25 Stunden   375,00 €

Allgemeinkosten (Werbemittel, Telefon,
Porto, etc.)   125,00 €

Personalkosten   3.375,00 €
Sachkosten   125,00 €
Gesamtkosten   3.500,00 €

Eigenanteil Planet K durch ehrenamtliches
Engagement (Proberäume, Ausleihe von
Instrumenten, Technik, etc.)   750,00 €

beantragte Zuwendung durch den LMR NRW   3.500,00 €

Das Förderprogramm des Landesmusikrats NRW wurde noch weitere Jahre fortgeführt und das Projekt erhielt über die gesamte Programmdauer weitere Förderungen, die das Team den jeweils aktuellen Bedarfen immer wieder schrittweise anpasste. Dazu Björn Krüger:

„Ich bin überzeugt davon, dass ein stetiges Hinterfragen der Ziele des Projekts und eine projektbegleitende Selbst-Evaluation der Maßnahmen das ursprünglich geplante Vorhaben immer noch verbessern kann."

(Björn Krüger: „Gemeinsam Musik (er)leben")

2. Wenn Förderanträge scheitern

2.1 Warum wird mein Förderantrag abgelehnt?

Auch wenn Förderanträge korrekt gestellt und alle erforderlichen Kriterien erfüllt sind, kann es sein, dass der Antrag nicht bewilligt wird. Dies kann verschiedene Gründe haben und nicht alle diese Gründe müssen etwas mit der Ausrichtung und Qualität eures Projekts zu tun haben. So können auch übergeordnete (nicht auf den ersten Blick ersichtliche) Formalien ausschlaggebend sein. Um euch vor möglichen „Fallstricken" zu warnen, geben wir im folgenden Abschnitt ein paar Hinweise, worauf es bei der Vorbereitung des Antrags besonders ankommt:

- Zunächst ist es bereits im Vorfeld der Antragstellung sehr wichtig, die Förderrichtlinien genau zu lesen, um die Passung eures Projekts zu überprüfen und herauszuarbeiten (z. B. durch Markieren wichtiger Stellen/Buzzwords). Wenn die Förderrichtlinien z. B. eine spezifische Zielgruppe oder einen bestimmten Ortsbezug verlangen, solltet ihr diese vorgegebenen Kriterien unbedingt berücksichtigen (z. B. in den Inhalten eurer Projektbeschreibung).

- Ein Antrag kann aber auch abgelehnt werden, wenn schlichtweg die beantragte Summe nicht den Richtlinien des Fördergebers entspricht. Dies ist in beide Richtungen möglich: Auf der einen Seite ist der zeitliche Aufwand für die Begleitung von „Mini-Projekten" vielen Förderern zu hoch. Oft gibt es hier sogenannte „Bagatellgrenzen", die Untergrenzen der Förderung festlegen. Auf der anderen Seite wird in den jeweiligen Förderrichtlinien in der Regel auch eine maximale Fördersumme pro Projekt benannt, über die ihr nicht hinausgehen solltet. Wenn euer Projekt kostenintensiver ist, könnt ihr die noch fehlende Summe bei einem anderen Förderer beantragen.

- Da man für laufende Projekte keine Gelder beantragen kann, solltet ihr eure Anträge sehr frühzeitig stellen, denn die Zeit der Bewilligung seitens der Institutionen ist schwer vorherzusagen und kann sich unter Umständen sehr in die Länge ziehen.

- Hiermit verbunden ist der Hinweis, unbedingt die Einsendefrist einzuhalten. Zu spät eingegangene Anträge werden in der Regel nicht mehr berücksichtigt. Selbstverständlich gibt es auch hier Ausnahmen, auf die man sich aber nicht verlassen sollte, denn schließlich wollt ihr von Anfang an einen guten Eindruck hinterlassen.

Die erwähnten Punkte zeigen, dass ihr trotz der Unwägbarkeit der Entscheidung für oder gegen euren Antrag einen nicht zu unterschätzenden Spielraum habt, in dem ihr an zentralen „Stellschrauben" selbst drehen und damit eure Chancen auf Bewilligung erhöhen könnt.

Was kann ich tun, wenn ich eine Absage erhalte?

Wenn euer Antrag nicht bewilligt wird, erhaltet ihr in der Regel vom Förderer eine formelle Absage. In diesem Schreiben kann z. B. stehen, dass euer Projekt aufgrund der Vielzahl an eingegangenen Anträgen nicht bedacht werden konnte oder dass es nicht den Förderkriterien entsprach oder aber ein anderer Textinhalt. Da ihr in diesem Schreiben in der Regel nichts über die inhaltlichen Vorbehalte zu eurem Projekt erfahrt, empfehlen wir euch, beim betreffenden Fördergeber nachzufragen, ob es möglich sei, ein etwas detaillierteres Feedback zur Absage zu erhalten. Versehen mit dem Hinweis, dass ihr eine solche Rückmeldung gerne nutzen möchtet, um sie in zukünftigen Förderanfragen einfließen zu lassen, gehen einige Institutionen gerne auf eine solche Nachfrage ein. Viele Institutionen können dies allerdings aufgrund nicht ausreichender Kapazitäten nicht stemmen.

2.2 Einen langen Atem haben (ein Projekt reifen lassen)

Wenn Förderanträge von bestimmten Trägern nicht bewilligt werden, muss man gezwungenermaßen mehr Zeit mit der Planung seines Projekts verbringen. An dieser Stelle ist es wichtig, nicht gleich aufzugeben, sondern die Ablehnung als einen nicht eingeplanten Zwischenschritt (Umweg) zu sehen. So bietet eine Ablehnung auch die Möglichkeit innezuhalten und bestimmte Dinge in den Fokus zu rücken, die vorher eventuell noch nicht (ausreichend) berücksichtigt wurden. Eine solche positive Wendung aus einer zunächst entmutigenden Ablehnung ihres Antrags hat Charlotte Jeschke erlebt. Die Planung ihres Projekts „TalTour" nahm wesentlich mehr Zeit als geplant in Anspruch und reifte schließlich zu einem hochwertigen und einzigartigen künstlerischen Projekt heran, das schließlich in Kooperation mit der Sparkasse Wuppertal im Rahmen des Kundenprogramms „Treuewelt" durchgeführt wurde. Vor ausverkauftem Haus spielte Charlotte Jeschke mit ihrem Ensemble ein Geheimkonzert, bei dem die Künstler*innen vorher nicht verraten wurden.

„Ein zweites Mal wäre mein Projekt fast gescheitert, als ich die Absage meines Förderantrags vom Bergischen Kulturfonds erhielt. Kurz darauf wich ich allerdings von der angestrebten Idealvorstellung ab, mit dieser Fördersumme endlich genug Geld zu haben, um mein Projekt zu starten, und konnte mir andere Optionen überlegen. Erst im Nachhinein realisierte ich, dass ich so mein ursprüngliches Ziel der Organisation eines Konzerts an einem ungewöhnlichen Ort auch auf einer Route – beziehungsweise mehreren alternativen Routen – erreicht habe. Statt auf direktem Weg zum Ziel gehe ich lieber in die Richtung und konzentriere mich auf den Prozess, der mich schließlich zum Ziel führt. Dieser Weg erstreckte sich bei meinem Projekt über fast zwei Jahre. Ein langer Zeitraum, trotzdem bin ich davon überzeugt, dass ich mein Projekt genau zum richtigen Zeitpunkt durchgeführt habe."

(Charlotte Jeschke: „TalTour")

2.3 Alternative Förderungen

Förderer aus dem eigenen Netzwerk, Bekanntenkreis, Service-Clubs, etc.
Die Bedeutung eines gut funktionierenden Netzwerks im Zusammenhang mit der Suche nach Förderern hatten wir bereits erwähnt. Hiermit einhergehend möchten wir neben privaten Förderern auch die sogenannten „Service-Clubs" wie z. B. den „Rotary Club" und „Lions Club" erwähnen, die sich für gemeinnützige Zwecke einsetzen und dahingehend auch Projekte unterstützen. Es ist nicht unwahrscheinlich, dass ihr jemanden kennt, der jemanden kennt, der jemanden kennt, der dort Mitglied ist und euch hier „die Tür

öffnen kann". Nun liegt es an euch, Vorstand und Mitglieder des Clubs von eurer Projektidee zu überzeugen und sie hierfür zu begeistern (z. B. in einem knackigen und anschaulichen Kurzvortrag, wenn ihr die Chance dazu bekommt). Über eine finanzielle Unterstützung hinaus ist ggf. auch eine personelle möglich, denn die Mitglieder der „Service-Clubs" verstehen sich in der Regel selbst als aktiv Handelnde und helfen bei der Durchführung von finanzierten Projekten zusätzlich mit (z. B. Organisation von Gastronomie bei Veranstaltungen).

Über eine ähnliche Möglichkeit, im direkten Bekanntenkreis Förderer zu finden, berichtet im Folgenden Linda Buhl zu ihrem Projekt „Die tapfere Teodora":

„Unsere letzte Möglichkeit war der Betrieb XY (aus Datenschutzgründen wird der Betrieb nicht namentlich erwähnt). Da ich als Aushilfe dort arbeite, habe ich an einem Tag, an dem der Chef persönlich vor Ort war, die Gelegenheit ergriffen und ihm unser Projekt vorgestellt. Er war von unserem Vorhaben begeistert und berichtete, dass er selbst musikalisch interessiert ist. Ich gab ihm unsere Projektbeschreibung mit und er versicherte mir, dass er sich bald bei mir melden würde. Durch mehrfaches Nachfragen im Personalbüro bekam ich nach zwei Wochen eine Zusage per Mail. Er würde gerne die Kosten für den künstlerischen Teil erstatten, jedoch nicht durch die Firma, sondern privat."

(Linda Buhl: „Die tapfere Teodora")

Crowdfunding

Weiterhin bietet das Crowdfunding vielfältige Wege, die Durchführung eigener Projekte zu ermöglichen und deren Finanzierung abzusichern. Im weitesten Sinne ist Crowdfunding die Beschaffung von Mitteln, um Projekte durchzuführen oder Anschaffungen zu finanzieren. Die Mittel sind zumeist finanzieller Natur, können aber auch Sachmittel oder Hilfe und Unterstützung auf anderem Wege umschließen. Wenngleich es sich um eine Art „Spendenprinzip" handelt (und ihr keine erwartete geldwerte Gegenleistung erbringen müsst), erfordert Crowdfunding vor allem euren persönlichen Einsatz und Engagement. So müsst ihr z. B. durch eine ansprechende Präsentation eures Projekts bei potenziellen Geldgebern/Förderern erst einmal die Bereitschaft wecken, dieses zu unterstützen. Wichtig ist hierbei eine gute Kommunikationsstrategie, denn ihr geht mit den potenziellen Geldgebern gewissermaßen eine Partnerschaft ein: Sie spenden etwas und ihr könnt euch im Gegenzug überlegen, wie ihr sie an eurem Projekt (und dessen Entstehungsprozess) teilhaben lasst bzw. diese als aktiv „Mitgestaltende" in den Prozess involviert. Der Aspekt des aktiven Gestaltens sowie der sich für alle Seiten ergebene „Mehrwert" kann sehr motivierend wirken. Ihr benötigt hier ein gutes Gespür und kreative Ideen in Bezug auf solche motivierenden Strategien und die besondere Berücksichtigung der Bedürfnisse der spendenden Person(en) (z. B. in Bezug auf die Erwartungshaltung, dass die Spende auch für den Zweck eingesetzt wurde, für den sie ausgegeben wurde). Um dieses zu ermöglichen, ist eine transparente, wertschätzende und Vertrauen schaffende Kommunikation von Bedeutung: Ihr solltet ermöglichen, dass die Spender jederzeit erfahren können, was mit ihrem Geld passiert und euch bei ihnen bedanken. Wenn ihr eine gemeinnützige Einrichtung als Träger eures Projekts zur Verfügung habt, solltet ihr hier auch eine Spendenbescheinigung anbieten.

3. Checkliste und Tipps

3.1 Antragstellung

Bevor ihr euren Antrag absendet, sichtet diesen noch einmal auf Vollständigkeit der Informationen und Daten. Nehmt beim Korrekturlesen die Perspektiven der/des Adressaten (hier: z. B. Förderer) ein und prüft kritisch, inwieweit euer Konzept bereits überzeugen kann und an welchen Punkten vielleicht noch weiter gefeilt werden muss.

Es empfiehlt sich bei der Antragstellung bestimmte Kriterien zu überprüfen:

- ALLGEMEINE ANGABEN:
  Stimmen alle Angaben z.B. zu eurer Person, Adresse, Telefonnummer, E-Mail-Adresse?
- FORM:
  Habt ihr die vorgegebene Form eingehalten, sofern es dazu Angaben gibt?
- FLÜCHTIGKEITSFEHLER:
  Habt ihr alles richtig geschrieben und sorgfältig mehrmals korrekturgelesen? Habt ihr insbesondere auch alle Namen richtig geschrieben und eventuelle Titel berücksichtigt?
- VERSTÄNDLICHKEIT:
  Ist euer Text verständlich formuliert?
- IDEE:
  Kommt die zentrale Idee/Motivation/das Besondere des Projekts gut zur Geltung?
- GLIEDERUNG/DARSTELLUNG:
  Ist euer Antrag übersichtlich untergliedert und ansprechend gestaltet?
- ZIELGRUPPE:
  Ist die Zielgruppe klar bestimmt?

- STIMMIGKEIT:
  Ist der Kosten- und Finanzierungsplan in sich stimmig?
- RISIKO:
  Gibt es ein Risiko bzw. einen Plan B?

Haltet das Risiko gering, indem ihr z. B.:
- euch mit dem Arbeitsfeld, in dem ihr euer Projekt durchführen wollt, schon vertraut macht und hier erste Erfahrungen sammelt, bevor ihr den Antrag stellt (z. B. Mitarbeit in einem anderen Projekt)
- das Projekt zunächst klein denkt und dieses wiederum in überschaubare Pakete/Schritte einteilt
- (ggf. auch nur für euch) einen Zeitplan und Organigramm erstellt, damit ihr den Überblick behaltet
- bestehende kulturelle Netzwerke einbezieht (und ggf. einen Teampartner sucht)
- Gespräche führt, Fragen stellt, euch in alle Richtungen gut informiert
- einen Plan B entwickelt

3.2 Rechnungsstellung

In unserem Seminar tauchte immer wieder die Frage auf, wie eine Rechnung formuliert werden bzw. was sie enthalten muss. Daher möchten wir euch an dieser Stelle ein paar zentrale Hinweise geben. Eine korrekte Rechnungsstellung ist wichtig für euch als Rechnungssteller*in (wenn ihr z. B. in einem Projekt eine Honorartätigkeit ausgeübt habt) aber auch als Rechnungsempfänger*in (wenn ihr z. B. als Projektleiter*in Honorarkräfte bezahlen müsst).

Wenn ihr Rechnungssteller*in seid:
- Im Kopf der Rechnung müssen euer Name, eure Anschrift

und weitere Kontaktdaten (E-Mail und/oder Telefonnummer) stehen. Eure Kontoverbindung (IBAN & BIC)
kann auch gleich hier im Briefkopf angegeben werden.
- Im Fließtext der Rechnung könnt Ihr dann Bezug darauf
  nehmen („… bitte überweisen Sie auf das oben genannte
  Konto …").
- Eure Steueridentifikationsnummer (kurz: Steuer-ID) ist
  notwendig, damit das Geld vom zuständigen Finanzamt
  richtig zugeordnet werden kann. Eure Steuer-ID erhaltet
  ihr bei eurem Finanzamt, falls ihr sie nicht kennt.
- Des Weiteren muss jede Rechnung über eine eigene
  Rechnungsnummer verfügen. Und: Rechnungen müssen
  fortlaufend im jeweiligen Kalenderjahr durchnummeriert
  sein. Konkret könnt ihr das z. B. so umsetzen, dass eure
  erste Rechnung des Jahres die Nummer 2020-01 bekommt. Die zweite Rechnung bekommt somit die Nummer 2020-02, usw.
- Alle Posten, die ihr in Rechnung stellt, sollten einzeln
  aufgelistet werden, gefolgt von der Gesamtsumme.

Zum Thema Umsatz- bzw. Mehrwert-Steuer:
Wenn euer Jahreseinkommen unter 17.500 € liegt (Stand: Juni
2020), seid ihr nicht umsatzsteuerpflichtig. Das müsst ihr dann
auf der Rechnung angeben (siehe Beispielrechnung bzgl. §19).
Euer vereinbartes Honorar ist somit „Brutto gleich Netto", da keine
Steuer anfällt.

Wenn ihr umsatzsteuerpflichtig seid, solltet ihr im Vorfeld mit
dem Rechnungsempfänger klären, ob euer Honorar als Brutto-
oder Netto-Honorar zu verstehen ist. In der unten angegeben
Beispielrechnung stellt sich dann die Frage, ob die Umsatzsteuer
noch in den Betrag (250 €) inkludiert werden muss, oder ob es ein
Netto-Betrag ist und ihr den Steuerbetrag hinzurechnen könnt.

Der Zusatz, dass das Geld innerhalb von 14 Tagen überwiesen werden soll, ist optional.

*Wenn ihr Rechnungsempfänger*in seid:*
Es kann sein, dass ihr als Rechnungsempfänger*in auch andere Mitarbeiter*innen, die in eurem Projekt tätig sind, bezahlen müsst. Hierbei solltet ihr auf alle oben genannten Rechnungsinhalte besonders achten.

Wichtig ist außerdem, dass ihr als Rechnungsempfänger*in korrekt benannt seid. Ist der Träger des Projekts z.B. ein Verein, muss dieser genannt werden und nicht der Name der Projektleitung. Dies ist sehr wichtig für etwaige spätere Verwendungsnachweise, bei denen ihr alle Zahlungen euer Projekt betreffend bündeln müsst.

RECHNUNG (Musterbeispiel)

Name
Projekttitel
Straße, Hausnummer
PLZ, Stadt
Emailadresse
IBAN
Steuer IdNr

Rechnungsempfänger*in (Vor- und Nachname)
Adresse (Straße, PLZ, Stadt)

Rechnungsdatum: Wuppertal, den 09.03.2019
Rechnungsnummer: 202034

RECHNUNG

Sehr geehrte XY,
hiermit erlaube ich mir, meine [Art der Leistung] im Rahmen
der Veranstaltung [Veranstaltungs-/ Projekttitel] am [Datum] in
[Ort] in Rechnung zu stellen. Ich bedanke mich bei Ihnen für
die angenehme und kooperative Zusammenarbeit.

Art der Leistung	Betrag
Organisation	150,00 €
Künstlerische Leistung	100,00 €

Gesamtbetrag	**250,00 €**

Gemäß § 19 (1) UStG enthält der ausgewiesene Betrag keine
Umsatzsteuer.
Bitte überweisen Sie den Betrag innerhalb von 14 Tagen auf
das obenstehende Konto.

Mit freundlichen Grüßen,
Unterschrift

4. Perspektiven

4.1 Was nehme ich mit?

Ein eigenes kulturelles Projekt auf die Beine zu stellen und durchzuführen, ist eine besondere Erfahrung, die ganz vielfältige Spuren hinterlassen kann. Bei den Teilnehmer*innen des KulturCampus waren dies ganz verschiedene Dinge wie z. B.:

- Erfahren und Reflektieren zentraler Bausteine und Phasen von Projektarbeit
- Erlernen und Anwenden von Werkzeugen/Ansätzen der Projektgestaltung
- Erfahren von Selbstwirksamkeit und Entwicklung von Selbstbewusstsein in eigene Fähigkeiten nach erfolgreich durchgeführtem Projekt
- Entwickeln kreativer und flexibler Lösungsstrategien bei aufkommenden Problemen und Herausforderungen
- Erlangen von sozialen Kompetenzen in der gegenseitigen Zusammenarbeit (Team-Building)
- wertschätzende Kommunikation und Feedback-Strategien
- Wissen um den Wert der eigenen Arbeit
- Wissen um die Möglichkeiten der Fördermittelakquise und Ermittlung von Zahlenvorstellungen (Kostenplan)

Für manche eröffnet die Erfahrung eines selbst durchgeführten Projekts neue berufliche Perspektiven sowie die Erkenntnis, dass künstlerisch-pädagogische Projektarbeit eine ernstzunehmende berufliche Perspektive für Freiberufler*innen bietet.

Für andere ist es eine Möglichkeit das eigene Tätigkeitsfeld (z. B. Musiklehrer*in) um den Bereich der kulturellen Projektentwicklung zu erweitern und diesen entweder inner- und/oder außerschulisch zu nutzen (z. B. für die Anbahnung von Projekten mit kulturellen Institutionen und/oder Akteur*innen).

4.2 Stimmen aus dem KulturCampus Wuppertal

Im KulturCampus Wuppertal haben wir die Erfahrung gemacht, dass die teilnehmenden Projektleiter*innen einen großen Teil ihrer individuellen Interessen etc. in die Projekte einfließen lassen. Außerdem hat die eigene Projektarbeit bei einigen sogar zu einer klareren Ausrichtung der beruflichen Zukunft geführt. Ausführlich könnt ihr die Reflexionen und Erzählungen von Julia Wessel und Charlotte Jeschke im Gespräch mit Lea Isabelle Sander in unserem Podcast hören (KulturCampus).

Julia Wessel
Julia Wessel hat das Reinschnuppern in das Kultur-/Projektmanagement durch die im KulturCampus gegebene Möglichkeit, sich mit einem überschaubaren Projekt in einem sicheren Rahmen auszuprobieren, als Bestärkung empfunden, genau in diesem Bereich arbeiten zu wollen. Durch die erfolgreiche Durchführung des Projekts „KulTour" hat sie nicht nur Vertrauen in die eigenen Fähigkeiten, sondern auch Lust bekommen, selbst im kulturellen Bereich tätig zu werden.

Charlotte Jeschke
Die Durchführung ihres Projekts „TalTour" hat Charlotte Jeschke darin bestärkt, den künstlerischen Weg weiter zu verfolgen. Besonders wertvoll war für sie die Erfahrung, an einer Idee, die man für gut befindet, festzuhalten, sich durchzubeißen und dennoch immer wieder offen für Veränderungen zu sein und sich von Absagen nicht entmutigen zu lassen.

Lea Isabelle Sander
In ihrer Erfahrung als Projektleiterin hat Lea Isabelle Sander bewiesen, dass man auch mit sehr wenig finanziellen Mitteln große

Projekte durchführen kann. Des Weiteren hat sie Netzwerken als zentrales Werkzeug für die Projektarbeit für sich entdeckt. Schließlich hat sie sowohl für sich selbst Bestätigung in ihre eigenen Fähigkeiten erlangt als auch in Bezug auf die eigene berufliche Perspektive als Musikpädagogin.

5. Ausblick

Der KulturCampus ist ein sich wandelndes Projekt, ebenso wie die vielen kleinen und großen Projekte, die schon daraus hervorgegangen sind und noch hervorgehen werden. Unser Anliegen ist es, Mut zu machen eigene Projekte zu entwickeln und zu verwirklichen und hierdurch die Kunst- und Kulturlandschaft bunter zu gestalten.

Das Potenzial dafür ist bei allen vorhanden. Ihr müsst ihm nur genug Raum geben, eine gewisse Portion Abenteuerlust mitbringen und euch nicht davon abschrecken lassen, wenn etwas nicht beim ersten Mal funktioniert. Erfolge, Ergebnisse, Höhepunkte, Tiefpunkte, Absagen, Unwägbarkeiten – all diese Faktoren liegen meist eng beieinander und sind vor allem Teil von größeren Entwicklungen/Vorhaben. Dennoch ist es wichtig, dass ihr kein Risiko eingeht und euch vor allem in Bezug auf die Finanzierung unbedingt absichert. Denn nur mit einer gesicherten Finanzierung könnt ihr sicher starten.

Wir, das KulturCampus-Team, möchten das Potenzial, das wir im Bereich der kulturellen Projektentwicklung sehen, weiter durch unsere Tätigkeit in der universitären Lehre und außerhalb unterstützen. Außerdem möchten wir Mut machen, unsere Idee auch an anderen Hochschulstandorten, Bildungseinrichtungen und schließlich auch in der freien Szene von Kulturschaffenden mit entsprechenden Angeboten der Weiterbildung umzusetzen.

Mit diesem Buch und unserem Podcast haben wir bereits die ersten Schritte unternommen, um genau diesen Transfer zu ermöglichen.

6. Literatur

6.1 Zitierte Literatur

Ermert, Karl (2009). *Was ist kulturelle Bildung?* (Bundeszentrale für politische Bildung).
URL: http://www.bpb.de/gesellschaft/bildung/kulturelle-bildung/59910/was-ist-kulturelle-bildung?p=all (letzter Zugriff am 15.07.2020).

Klein, Armin (2010⁴). *Projektmanagement für Kulturmanager* (1. Auflage: 2004). Wiesbaden: VS-Verlag.

Stute, Dirk & Wibbing, Gisela (2014). *Kulturelle Bildung als Baustein der Unterrichtsentwicklung*. In: *Kulturelle Bildung Online*. URL: https://www.kubi-online.de/artikel/kulturelle-bildung-baustein-unterrichtsentwicklung (letzter Zugriff am 15.07.2020).

6.2 Tipps zum Weiterlesen

Berger, Warren (2017). *Die Kunst des klugen Fragens*. München: Piper Taschenbuch.
Kreative Ideenfindung und Innovation – Wie und mit welchen Hilfsmitteln kann dies gelingen? Warren Berger stellt die Kunst des Fragens ins Zentrum der Arbeit von Ideensuchern und wir finden: Er hat gute Antworten.

Bessau, Hubertus/ Wittrock, Max/ Kraiss, Philipp (2017). *machen.* Hamburg/München: Edel Books.
Die Startup-Geschichte der mymuesli-Gründer ist ein Parade-Beispiel für den teils steinigen Weg von der ursprünglichen Ideenfindung bis hin zur Umsetzung und Monetarisierung die-

ser Idee. *Ein lesenswertes Plädoyer für Flexibilität in diesem Kontext.*

Catmull, Ed (2014). *Die Kreativitäts-AG.* München: Carl Hanser Verlag.
Nicht allein der Einblick in die Strukturen des Riesen-Konzerns PIXAR ist spannend, auch die von Ed Catmull transparent beschriebenen Kommunikations-Prozesse in Teams sind sehr erhellend.

Faltin, Günther (2017). *Kopf schlägt Kapital.* München: dtv.
Wie für viele Andere in diesem Bereich war Günter Faltins Bestseller für uns auch ein Aha-Erlebnis in Buchform. Faltin beschreibt sämtliche Prozesse des Entrepreneurship so mitreißend und inspirierend, dass man selbst gleich loslegen möchte.

Faltin, Günther (2015). *Wir sind das Kapital.* Hamburg: Murrmann.
Faltins Fortsetzung von „Kopf schlägt Kapital" ist ebenso wichtig, da er hier noch weiter ins Detail geht und konkrete Hilfen zur Umsetzung bietet.

Gaedt, Martin (2016). *Rock your idea.* Hamburg: Murrmann.
Der „Sound" des Autoren Martin Gaedt ist gewöhnungsbedürftig. Aber „Rock your idea" ist ein sehr wertvolles und inspirierendes Buch in Bezug auf Ideen-Findung und -Entwicklung.

Klein, Armin (2010[4]). *Projektmanagement für Kulturmanager.* (1. Aufl.: 2004) Wiesbaden: VS-Verlag.
In diesem Buch werden die grundlegenden Aspekte von Projektmanagement im Kulturbereich anschaulich und detailliert dargestellt und anhand von Praxisbeispielen erläutert.

KULTURELLE BILDUNG ONLINE (kubi-online) www.kubi-online.de
In dieser Online-Bibliothek finden sich zahlreiche Fachbeiträge zu den vielfältigen Themenfeldern und Herausforderungen von Kultureller Bildung. Hierbei werden sowohl Theorie- als auch Praxisdiskurse in den Dialog gebracht.

Biografien

Annette Ziegenmeyer

Ursprünglich habe ich Schulmusik, Musikerziehung und Künstlerische Ausbildung an der Hochschule für Musik, Theater und Medien Hannover studiert. Im Anschluss an meine Studien hat es mich für gut zwei Jahre nach Paris verschlagen, zunächst als Stipendiatin an der *Cité Internationale des Arts* und dann als Dozentin für Blockflöte am *Conservatoire municipal de musique de Malakoff*. Nach einer inspirierenden

Zeit in dieser bezaubernden und leider auch sehr teuren Stadt bin ich voller Ideen wieder nach Deutschland zurückgekehrt und habe mein Referendariat in Schleswig-Holstein absolviert. Hierauf folgte eine sehr bereichernde Zeit im dortigen Schuldienst, wo ich als Musik- und Französischlehrerin täglich neu dazu lernen und ausprobieren durfte, wie denn nun der Unterricht am besten gelingen kann. Die Liebe zur Musik und zu Frankreich konnte ich zusätzlich auch in meiner Dissertation in Historischer Musikwissenschaft vertiefen, die ich parallel an der Hochschule für Musik und Tanz Köln geschrieben habe. Eine Abordnung an die Europa-Universität Flensburg gab mir schließlich die Möglichkeit, Theorie und Praxis auch im Rahmen der Musiklehrer*innenbildung zu verzahnen und den Studierenden Einblicke in das breite Feld musikpädagogischen Handelns zu eröffnen. Im Rahmen meiner anschließenden Tätigkeit als Akademische (Ober-)rätin an der Bergischen Universität Wuppertal (2015–2020) konnte ich diese Verbindung stetig ausbauen und neue Ideen umsetzen. Auf diesem Wege ist schließlich auch die Idee für den KulturCampus Wuppertal und dieses Handbuch entstanden.

Wenngleich ich im Oktober 2020 dem Ruf auf eine Professur für Musikpädagogik an der Musikhochschule Lübeck folgen werde, so bleibe ich der Idee und Arbeit des KulturCampus Wuppertal verbunden und bin gespannt auf das, was noch entstehen wird.

Björn Krüger

Meine große Leidenschaft ist die Musik: Im Teenageralter setzte ich mein Taschengeld in den hiesigen Plattenläden um – später war ich dann über 20 Jahre selbst als Schlagzeuger in vielen Bands und Projekten live und im Studio unterwegs. Ich habe für großartige Musiker*innen wie Nina Hagen, H-Blockx, Henrik Freischlader, die Blue Man Group oder Bosse gespielt. Meine Band *Uncle Ho* war jedoch immer etwas Besonderes: Eigene Songideen gemeinsam mit zwei besten Freunden zu entwickeln und wachsen zu sehen; vor 20 Leuten spielen; mit einer eigenen Platte in die Charts kommen; vor 10.000 Leuten spielen; das Label geht pleite; vor 10 Leuten spielen; sich im Proberaum stundenlang über Gott und die Welt unterhalten statt zu proben – was für ein großartiger Wahnsinn!

Richtige Höhen und Tiefen erlebt man vor allem in seinen Herzensprojekten. Ich habe mich in beruflichen Dingen stets von mei-

ner Leidenschaft leiten lassen und bislang war sie ein guter Ratgeber. Denn ich habe erfahren, dass die Ideen, für die man brennt, jeden Aufwand wert sind!

Aktuell brenne ich für den Kulturkindergarten Wuppertal, die Kulturwerkstatt der Alten Feuerwache, das Projekt „Small World Music" vom Haus der Jugend Barmen und den KulturCampus. Allesamt perfekte Beispiele dafür, dass am Anfang zwar immer eine gute Idee nötig ist – dann jedoch der Austausch und die Zusammenarbeit mit anderen eure Idee wachsen lässt und ganz einfach besser macht. Und ein erfolgreiches Projekt zu feiern ist gemeinsam auch viel schöner als allein. So wie Annette, Lea und ich es tun werden, wenn dieses kleine Buch das Licht der Welt erblickt. Und dann geht es weiter: Die nächsten Ideen warten schon ...

Lea Isabelle Sander
Den Entstehungsprozess KulturCampus Wuppertal habe ich als Musik- und Erziehungswissenschaftsstudentin in Wuppertal live miterlebt und ein Community Music Projekt in Malaysia im ersten Durchgang des Seminars entwickelt. Nach den insgesamt vier Monaten in Malaysia habe ich mich entschieden, beruflich in die außerschulische musikpädagogische und wissenschaftliche Richtung zu gehen, anstelle einer künstlerischen. Inzwischen studiere ich den Masterstudiengang Musikpädagogik an der Hochschule für Musik und Tanz Köln und arbeite seit 2018 mit Annette und Björn beim KulturCampus.

Ich bin freiberufliche Musikpädagogin, Sängerin und Gesangs- & Klavierlehrerin in Wuppertal und habe 2019 das intersektional-feministische Künstler*innen Netzwerk YAYA gegründet, um die Kunst- & Kulturszene diverser werden zu lassen und Geschlechterminderheiten zu ermutigen, in diesem Kontext in Erscheinung zu treten (www.yaya-netzwerk.de).

Neben dem KulturCampus Podcast entwickle ich noch den YAYA Talk und bin Vorsitzende des YAYA e.V. Als gebürtige Berlinerin bin ich immer wieder überrascht, was für ein wahnsinniges Potenzial Wuppertal als Stadt für Kunst- und Kulturschaffende hat.